AF525716

Elena Bokelmann

Russisch lernen – Schritt für Schritt

Übungsbuch

BUSKE

Elena Bokelmann ist Philologin und Lehrerin für russische Sprache und Literatur. Sie ist in Russland geboren und lebte seit 1995 in Deutschland, den USA, Frankreich und Österreich, wo sie Russisch als Fremdsprache in verschiedenen Sprachschulen unterrichtete, u. a. im Language Studies Institute, Kalifornien, und dem Institut für Slawistik der Universität Wien.

Bibliografische Information der Deutschen Nationalbibliothek

Die Deutsche Nationalbibliothek verzeichnet diese Publikation in der Deutschen Nationalbibliografie; detaillierte bibliografische Daten sind im Internet über ‹https://portal.dnb.de› abrufbar.

ISBN 978-3-96769-271-6

2., bearbeitete Auflage 2022

© 2020 Helmut Buske Verlag GmbH, Hamburg. Alle Rechte vorbehalten. Dies gilt auch für Vervielfältigungen, Übertragungen, Mikroverfilmungen und die Einspeicherung und Verarbeitung in elektronischen Systemen, soweit es nicht §§ 53 und 54 UrhG ausdrücklich gestatten. Umschlaggestaltung: QART Büro für Gestaltung, Hamburg. Illustrationen: Olga Galinovskaya-Yarmolovich. Layout und Satz: Natalia Samotsvetova. Druck und Bindung: Plump Druck & Medien, Rheinbreitbach. Printed in Germany.

Inhaltsverzeichnis

Vorwort

Liebe Freunde der russischen Sprache,

dieses Übungsbuch ist eine sehr gute Ergänzung zum Russisch-Lehrwerk „Russisch lernen – Schritt für Schritt“ (ISBN 978-3-96769-270-9). Die abwechslungsreichen Übungen vertiefen und festigen die Inhalte des Lehrbuches, und üben intensiv wichtige Aspekte: Sprechen, Verstehen, Lesen und Schreiben.

Das Übungsbuch umfasst 20 Lektionen. Die Vorlektion bietet einen optimalen Einstieg in die kyrillische Schrift. In vielfältigen Übungen wird der Fokus auf schwierige grammatische Themen in kommunikativen Kontexten gelegt; grammatische Formen und Strukturen werden wiederholt, vertieft und gefestigt.

Spielerische Wortschatzübungen helfen, den neu erworbenen Wortschatz leichter zu lernen und zu behalten. Übersetzungsübungen bereiten auf die situationsbezogene Kommunikation vor. Wer Russisch im Selbststudium lernt, profitiert von den möglichst wortwörtlichen deutschen Übersetzungen in den ersten elf Lektionen. Für viele Übungen gibt es Lösungen.

Dieses Übungsbuch eignet sich als Ergänzung zum Unterricht ebenso wie zur Nachbereitung und zum Selbstlernen.

Viel Freude beim Lernen und viel Erfolg bei den ersten Schritten in die Welt der russischen Sprache!

Ihre Autorin Elena Bokelmann

Vorlektion

Das russische Schriftsystem

1. Vergleichen Sie folgende deutsche und russische Buchstaben. Lesen Sie die Beispiele.

Die Buchstaben **Аа Ее Кк Мм Оо Тт** unterscheiden sich im Schriftbild und Lautwert kaum von den deutschen Buchstaben:

А	**Е**	**К**	**М**	**О**	**Т**
A	E	K	M	O	T
т**а**кт	ком**е́**та	**к**а**к**а́о	**м**а́**м**а	**О́**тто	**Т**ом
T**a**kt	Kom**e**t	**K**a**k**ao	**M**a**m**a	**Otto**	**T**om

2. Vergleichen Sie folgende deutsche und russische Buchstaben. Lesen Sie die Beispiele.

Вв	**Нн**	**Рр**	**Сс**	**Хх**	**Пп**
Ww, Vv	Nn	Rr	Ss	Hh	Pp
ва́нна, **в**и́део	ки**н**о́	мет**р**о́	кио́**с**к	**х**о́бби	**п**арк
Wanne, **V**ideo	Ki**n**o	Met**r**o	Kio**s**k	**H**obby	**P**ark

3. Schauen Sie sich den nächsten Buchstaben und die dazugehörigen Beispiele an.

Гг	**Дд**	**Зз**	**Ии**	**Лл**	**Бб**
Gg	Dd	Ss	Ii	Ll	Bb
генера́л	**д**о́ктор	ро́**з**а	такс**и**	**л**а́мпа	**б**анк
General	**D**oktor	Ro**s**e	Tax**i**	**L**ampe	**B**ank

4. Vergleichen Sie folgende deutsche und russische Buchstaben. Lesen Sie die Beispiele.

Уу	**Фф**	**Цц**	**Шш**	**Чч**	**Юю**
Uu	Ff	Zz	Sch	Tsch	Üü
м**у**зе́й	про**ф**е́ссор	кон**ц**е́рт	**ш**рифт	**ч**ех	б**ю**ро́
M**u**seum	Pro**f**essor	Kon**z**ert	**Sch**rift	**Tsch**eche	B**ü**ro

5. Schauen Sie sich den nächsten Buchstaben und die dazugehörigen Beispiele an.

Жж	**Йй**	**Яя**	**Ээ**
журна́л, эта́**ж** **J**ournal, Eta**g**e	ма**й**, **й**о́гурт, **й**о́га Ma**i**, **J**oghurt, **Y**oga	**Я**по́ни**я** **Ja**pan	**э**кску́рсия **E**xkursion

ъ	**ь**	**ы**	**Ёё**	**Щщ**
об**ъ**е́кт (Objekt)	фил**ь**м, шни́цел**ь** (Film, Schnitzel)	т**ы**, м**ы** (du, wir)	**ё**лка (Tannenbaum)	бор**щ** (Rübensuppe)

6. Ordnen Sie die deutschen Substantive den russischen zu.

интерне́т аргуме́нт докуме́нт моме́нт аге́нт паке́т май

Internet ______________________________

диало́г кандида́т колле́га креди́т та́нго те́ннис шок

____

рома́н хара́ктер штраф ки́ви пи́цца балко́н бар

____

субъе́кт экску́рсия пюре́ зо́на грипп фо́то суп

____

Internet • Subjekt • Pizza • Tango • Balkon • Bar • Dialog • Kandidat • Kollege • Foto • Strafe • Schock • Kredit • Kiwi • Tennis • Püree • Mai • Suppe • Argument • Grippe • Dokument • Moment • Agent • Roman • Paket • Zone • Exkursion • Charakter

7. Üben Sie anhand der Muster die russischen Buchstaben in Schreibschrift.

А а *А а* ______________	М м *М м* ______________
Е е *Е е* ______________	О о *О о* ______________
К к *К к* ______________	Т т *Т т* ______________

8. Schreiben Sie folgende russische Wörter in Schreibschrift. Beachten Sie, wie die russischen Buchstaben miteinander verbunden werden.

такт	коме́та	кака́о	ма́ма	О́тто	Том
такт	*комета*	*какао*	*мама*	*Отто*	*Том*

9. Üben Sie anhand der Muster die russischen Buchstaben in Schreibschrift.

В в *В в* ______ С с *С с* ______

Н н *Н н* ______ Х х *Х х* ______

Р р *Р р* ______ П п *П п* ______

10. Schreiben Sie folgende russische Wörter in Schreibschrift.

ва́нна	ви́део	кино́	метро́	сала́т	хо́бби	парк
ванна	*видео*	*кино*	*метро*	*салат*	*хобби*	*парк*

11. Üben Sie weiter die Schreibschrift.

Г г *Г г* ______ И и *И и* ______

Д д *Д д* ______ Л л *Л л* ______

З з *З з* ______ Б б *Б б* ______

12. Schreiben Sie folgende russische Wörter in Schreibschrift.

генера́л	до́ктор	ро́за	такси́	ла́мпа	банк
генерал	*доктор*	*роза*	*такси*	*лампа*	*банк*

13. Üben Sie anhand der Muster die russischen Buchstaben in Schreibschrift.

У у *У у* ______ Ш ш *Ш ш* ______

Ф ф *Ф ф* ______ Ю ю *Ю ю* ______

Ц ц *Ц ц* ______ Ч ч *Ч ч* ______

14. Schreiben Sie folgende russische Wörter in Schreibschrift.

музéй	профéссор	концéрт	шрифт	бюрó	чех
музей	*профессор*	*концерт*	*шрифт*	*бюро*	*чех*

15. Üben Sie weiter die Schreibschrift.

Ж ж *Ж ж* ______ Й й *Й й* ______ Я я *Я я* ______

Э э *Э э* ______ Щ щ *Щ щ* ______ Ё ё *Ё ё* ______

ъ *ъ* ______ ь *ь* ______ ы *ы* ______

16. Schreiben Sie folgende russische Wörter in Schreibschrift.

журнáл	этáж	май	йóгурт	Япóния	экскýрсия
журнал	*этаж*	*май*	*йогурт*	*Япония*	*экскурсия*

объéкт	фильм	ты	мы	ёлка	борщ	шнúцель
объект	*фильм*	*ты*	*мы*	*ёлка*	*борщ*	*шницель*

йóга	йод	субъéкт	э́то	жирáф
йога	*йод*	*субъект*	*это*	*жираф*

17. Ordnen Sie die deutschen Substantive den russischen zu.

а́дрес майоне́з масса́ж ва́за аудито́рия конфере́нция

Adresse ______________________________

ка́сса пробле́ма поли́тика кафе́ медици́на компью́тер

____

чи́псы па́ника телефо́н кио́ск резюме́ ра́дио бал

____

миллио́н орке́стр гара́ж о́пера шанс хор шо́у

____

Adresse • Ball • Mayonnaise • Medizin • Telefon • Massage • Vase • Konferenz • Auditorium • Problem • Politik • Oper • Panik • Kasse • Kiosk • Café • Radio • Chips • Resümee • Chance • Orchester • Million • Computer • Chor • Garage • Show

18. Schreiben Sie die folgenden Wörter in Schreibschrift.

адрес майонез массаж бал гараж

____

миллион политика резюме шанс радио

____

аудитория медицина телефон кафе шанс

____

конференция проблема чипсы ваза касса

____

компьютер оркестр киоск опера хор

____

Das russische Alphabet

Buchstabe		Name	deutsche Entsprechung	Aussprache etwa wie in	Beispiel auf Russisch
А а	*А а*	а	a	**A**dresse, B**a**ll	**а́**дрес, б**а**л
Б б	*Б б*	бэ	b	**B**ank, **B**üro	**б**анк, **б**юро́
В в	*В в*	вэ	w	**V**ase, **W**anne	**в**а́за, **в**а́нна
Г г	*Г г*	гэ	g	**G**eneral	**г**енера́л
Д д	*Д д*	дэ	d	**D**oktor, Me**d**izin	**д**о́ктор, ме**д**ици́на
Е е	*Е е*	е	je, e	Ball**e**tt, Probl**e**m	бал**е́**т, пробл**е́**ма
Ё ё	*Ё ё*	ё	o, jo	Gorbatsch**o**w, **Jo**nas	Г**о**рбачёв
Ж ж	*Ж ж*	жэ	sh	Eta**g**e, Massa**g**e	эта́**ж**, масса́**ж**
З з	*З з*	зэ	s	Ro**s**e, Re**s**ümee	ро́**з**а, ре**з**юме́
И и	*И и*	и	i	V**i**deo, **I**nterview	в**и́**део, **и**нтервью́
Й й	*Й й*		j	**Y**oga	**й**о́га
К к	*К к*	ка	k	**K**a**k**ao, **K**ino	**к**а**к**а́о, **к**ино́
Л л	*Л л*	эл	l	Sa**l**at, Te**l**efon	са**л**а́т, те**л**ефо́н
М м	*М м*	эм	m	**M**a**m**a, **M**etro	**м**а́**м**а, **м**етро́
Н н	*Н н*	эн	n	Stude**n**t, Pa**n**ik	студе́**н**т, па́**н**ика
О о	*О о*	о	o	T**o**rte, Sh**o**w	т**о**рт, ш**о́**у
П п	*П п*	пэ	p	**P**ark, O**p**er	**п**арк, о́**п**ера
Р р	*Р р*	эр	r	**R**adio, **R**estaurant	**р**а́дио, **р**есто**р**а́н
С с	*С с*	эс	ss	Ka**ss**e, Kio**s**k	ка́**сс**а, кио́**с**к
Т т	*Т т*	тэ	t	**T**axi, Poli**t**ik	**т**акси́, поли́**т**ика
У у	*У у*	у	u	**U**fer, M**u**seum	м**у**зе́й
Ф ф	*Ф ф*	эф	f	Pro**f**essor, **F**oto	про**ф**е́ссор, **ф**о́то
Х х	*Х х*	ха	ch	**H**obby, **Ch**irurg	**х**о́бби, **х**иру́рг
Ц ц	*Ц ц*	цэ	z	Kon**z**ert, **Z**irkus	кон**ц**е́рт, **ц**ирк
Ч ч	*Ч ч*	че	tsch	**Tsch**eche	**ч**ех
Ш ш	*Ш ш*	ша	sch	**Sch**nitzel, **Sch**rift	**ш**ни́цель, **ш**рифт
Щ щ	*Щ щ*	ща	schtsch	Bor**schtsch** (Rübensuppe)	бор**щ**
ъ	*ъ*	твёрдый знак	unbezeichnet	kein eigener Laut	об**ъ**е́кт
ы	*ы*	ы	y	ein sehr breites i	т**ы**, м**ы**
ь	*ь*	мягкий знак	unbezeichnet	kein eigener Laut	комп**ь**ю́тер, фил**ь**м
Э э	*Э э*	э	ä, e	**E**xkursion, **ä**hnlich	**э**кску́рсия
Ю ю	*Ю ю*	ю	ju	P**ü**ree, **Ju**welier	п**ю**ре́, **ю**вели́р
Я я	*Я я*	я	ja	**Ja**pan	**Я**по́ни**я**

Erster Schritt / Lektion 1

Teil 1

1. Stellen Sie sich vor und fragen Sie Ihre Nachbarn nach ihren Namen.

Я ..., а кто вы? / Кто ты?

2. Stellen Sie sich und Ihre Nachbarn an Ihrer rechten und linken Seite den anderen Kursteilnehmern vor.

Я ..., а э́то ...

3. Wer ist wer? Fragen Sie einen anderen Kursteilnehmer nach den Namen Ihrer Sitznachbarn rechts und links.

Кто э́то? – Э́то ...   – А кто э́то? – Э́то ...

4. Lesen Sie die Namen der Personen aus dem Buch laut vor.

А́нна	Анто́н	На́дя	Ли́за	Ве́ра	Ма́ртин	И́горь
Зи́на	Си́ма	Марк	Ле́на	Андре́й	Ви́ктор	Альбе́рт

5. Schreiben Sie die Namen in Schreibschrift.

Анна Антон Надя Лиза Вера Мартин Игорь

Зина Сима Марк Лена Андрей Виктор Альберт

6. Wer ist auf den Bildern? Fragen Sie einander nach den Namen der Personen, wie im Muster.

а. Кто э́то? – Э́то Миха́йл. – А кто э́то? – Э́то Ка́тя.

Миха́йл | Ка́тя | Макси́м | Зи́на и Си́ма

Марк и Анто́н | Ви́ктор и Альбе́рт | Я́ков Андре́евич и Мари́я Ива́новна | Ма́ртин и Ве́ра

б. Э́то Миха́йл? – **Да**, э́то Миха́йл.

в. Э́то Миха́йл? – **Нет**, э́то **не** Миха́йл. Э́то Ви́ктор.

7. Was ist was auf den Bildern? Fragen Sie einander wie im Muster.

а. Что э́то? – Э́то ро́за. – А что э́то? – Э́то ...

б. Э́то ро́за? – Да, э́то ро́за. / – Нет, э́то не ро́за. Э́то ли́лия.

8. Fragen Sie nach den Gegenständen, die Sie in Ihrem Raum sehen, wie im Muster.

а. Что э́то? – Э́то стол. –А что э́то? – Э́то стул. Э́то стол, а э́то стул.

б. Э́то стул? – Да, э́то стул. / – Нет, э́то не стул. Э́то стол.

Benutzen Sie folgende Wörter, wenn es möglich ist:

ла́мпа • рюкза́к • ва́за • фо́то • пуло́вер • ра́дио • журна́л • портмоне́ • окно́ • дверь • учёбник • телефо́н • компью́тер • тетра́дь

9. Schreiben Sie die Sätze in Schreibschrift.

Кто это? *Что это?* *Кто ты?*

Это стол. *Это стул.* *Это роза или лилия?*

10. Tragen Sie die Wörter in die richtige Spalte ein.

телефо́н • ро́за • ли́лия • ра́дио • компью́тер • жира́ф • кафе́ • ёлка • стол • стул • ла́мпа • окно́ • шкаф • А́нна • Михаи́л

он Konsonant/ь/й	**оно́** о/е	**она́**
телефон		

11. Wo ist auf den Bildern ...? Fragen Sie einander wie im Muster. Setzen Sie die entsprechenden Personalpronomen ein.

Где шкаф? – Вот он.

Где окно́? – Вот оно́.

Где А́нна? – Вот она́.

Где ...?

12. Fragen Sie nach den Gegenständen, die Sie in Ihrem Raum sehen, wie im Muster.

Где стол? – Стол здесь. Вот он.

Где окно́? – Окно́ тут. Вот оно́.

Где ла́мпа? – Ла́мпа там. Вон она́.

Где ...?

13. Ergänzen Sie den folgenden Dialog.

спра́ва • сле́ва • на углу́ • недалеко́

● Извини́те, где здесь апте́ка?	Entschuldigen Sie, wo ist hier eine Apotheke?
◆ Апте́ка ______________ . Вон там, ______________ , вход.	Eine Apotheke ist an der Ecke. Dort rechts ist der Eingang.
● А где здесь побли́зости банк?	Und wo ist hier in der Nähe ein Bank?
◆ Банк то́же ______________ . Тут, ______________ .	Eine Bank ist auch nicht weit. Hier links.
● Спаси́бо.	Danke.
◆ Не́ за что.	Nichts zu danken.

14. Где здесь ...? Notieren Sie, wie man folgende Sätze auf Russisch sagt.

1. Wo ist hier die U-Bahn? – Die U-Bahn ist daneben, an der Ecke.

____

2. Wo ist hier in der Nähe ein Restaurant? – Das Restaurant ist dort rechts.

____

3. Wo ist hier ein Supermarkt? – Ein Supermarkt ist links. Dort drüben ist der Eingang.

____

1. Die e-Konjugation. Vervollständigen Sie die Tabelle.

	знать	**де́лать**	**рабо́тать**
я	зна́**ю**	______	______
ты	______	______	______
он / она́	______	______	______
мы	зна́**ем**	______	______
вы	______	______	______
они́	зна́**ют**	______	______

2. Ergänzen Sie den Dialog. Nutzen Sie dafür die Verben знать, де́лать, рабо́тать.

а. ● Ты не ______________, кто э́то? — Weißt du nicht, wer das ist?

◆ Э́то Ви́ктор. — Das ist Viktor.

● А что он ______________ здесь? — Und was macht er hier?

◆ Он здесь ______________. Ви́ктор – бухга́лтер. — Er arbeitet hier. Viktor ist Buchhalter.

б. ● Где ты ______________? — Wo arbeitest du?

◆ Я ______________ до́ма. — Ich arbeite zu Hause.

● Что за рабо́та? Что ты ______________? — Was ist das für eine Arbeit? Was machst du?

◆ Я программи́ст. — Ich bin Programmierer.

3. Unregelmäßiges Verb жить. Vervollständigen Sie die Tabelle.

Merken Sie sich, dass die Endungen ***-у*** *in der 1. Person Singular und* ***-ут*** *in der 3. Person Plural auftreten, wenn der Stamm auf einen* ***Konsonanten*** *endet.*

я	живу́	мы	живём
ты	______	вы	______
он / она́	______	они́	живу́т

4. Das Verb жить. Ergänzen Sie die passende Form.

- Где ты ______? — Wo wohnst du?
- ◆ Я ______ в А́встрии, в Ве́не. — Ich wohne in Österreich, in Wien.
- А где ______ Ка́тя? — Und wo wohnt Katja?
- ◆ Она́ ______ в Герма́нии, в Берли́не. — Sie wohnt in Deutschland, in Berlin.

Где? + Präpositiv > е / ии

5. Ergänzen Sie die Endungen und Präpositionen.

Где? – В теа́тр**е**.

рестора́н рестора́н __	апте́ка апте́к __	о́зеро о́зер __
музе́й музе́ __	больни́ца больни́ц __	кафе́ каф __

Где? – В Росс**ии**.

Герма́ния Герма́н __	А́нглия А́нгл __
А́встрия А́встр __	Швейца́рия Швейца́р __

6. Где они́ живу́т? Bilden Sie aus den Wortreihen Sätze.

1. Я / жить / в / Росси́я / в / Москва́

Я живу в России, в Москве.

2. Ты / жить / во / Фра́нция / в / Пари́ж / ?

3. Он / жить / в / Герма́ния / в / Берли́н

4. Мы / жить/ в / А́встрия / в / Ве́на

5. Вы / жить / в / А́нглия / в / Ло́ндон / ?

6. Они́ / жить / в / Швейца́рия / в / Цю́рих

7. Fragen Sie Ihre zwei Nachbarn nach Ihrem Wohnort und stellen Sie Ihre Ergebnisse der Gruppe vor.

а. Где ты живёшь / Где вы живёте? – Я живу́ в За́льцбурге.

б. Ты живёшь в Ве́не? / Вы живёте в Ве́не? – Нет, я живу́ не в Ве́не, а в Берли́не.

Zweiter Schritt / Lektion 2

Teil 1

1. Die i-Konjugation. Vervollständigen Sie die Tabelle.

*Merken Sie sich, dass die Endungen -***у** *in der 1. Person Singular und -***ат** *in der 3. Person Plural nach den Zischlauten* **ж, ш, щ, ч** *auftreten.*

	говори́ть	**учи́ть**
я	говор**ю́**	учу́
ты		
он / она́		
мы	говори́м	у́чим
вы		
они́	говор**я́т**	у́ч**ат**

2. Ergänzen Sie den folgenden Dialog.

зна́ет • у́чит • говори́т

● Ваш сын ______ в шко́ле францу́зский язы́к?

Lernt Ihr Sohn Französisch in der Schule?

◆ Да. Он уже́ о́чень хорошо́ ______ по-францу́зски. Но он та́кже ______ ру́сский и италья́нский языки́. Он о́чень спосо́бный.

Ja. Er spricht schon sehr gut Französisch. Und er kann auch Russisch und Italienisch. Er ist sehr begabt.

3. Was passt zusammen? Verbinden Sie.

говори́ть	по-ру́сски
учи́ть	ру́сский язы́к
знать	

4. Ergänzen Sie den folgenden Dialog und lesen Sie ihn dann mit verteilten Rollen.

понима́ю • учу́ • говори́шь • изуча́ю

- Ты уже́ хорошо́ ________________ по-ру́сски?

◆ Нет, я ещё не о́чень хорошо́ говорю́, но уже́ непло́хо чита́ю и немно́го ________________ ру́сский язы́к. Я ________________ ру́сский язы́к в шко́ле. А ты?

- Я уже́ хорошо́ говорю́ и понима́ю. Я ________________ ру́сский язы́к и литерату́ру в университе́те.

5. Schließen Sie sich der Aussage entsprechend dem Muster an.

Я хорошо́ говорю́ по-неме́цки. А ты?
Я то́же хорошо́ говорю́ по-неме́цки.

1. Ты уже́ непло́хо говори́шь по-англи́йски. А она́?
2. Мы ещё не о́чень хорошо́ говори́м по-ру́сски. А вы?
3. Вы отли́чно говори́те по-францу́зски. А они́?

6. Как по-ру́сски? Was soll man auf Russisch sagen, wenn man fragen möchte, ...

а. ... ob jemand Russisch spricht.

б. ... ob jemand Russisch lernt.

в. ... ob jemand noch nicht gut Russisch versteht.

7. Üben Sie die Schreibschrift.

говорить:	*учить, знать:*
по-русски	*русский язык*
________________	________________
по-немецки	*немецкий язык*
________________	________________
по-французски	*французский язык*
________________	________________

Teil 2

1. Welche Lebensmittel stehen oft bei Ihnen auf dem Tisch? Nennen Sie diese.

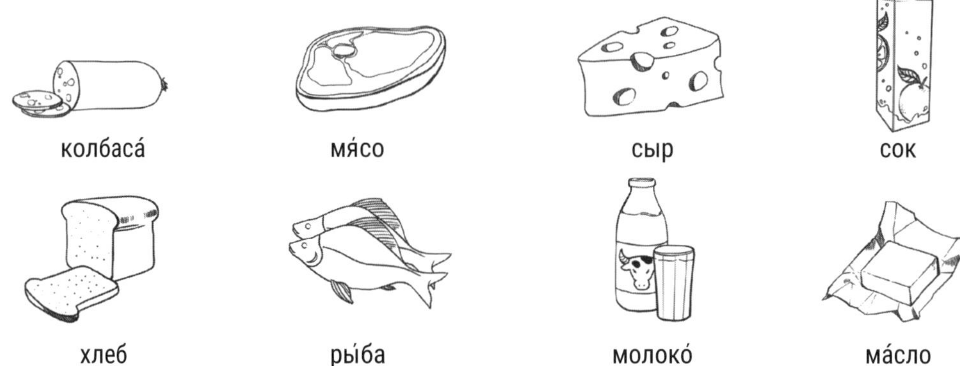

колбаса́	мя́со	сыр	сок
хлеб	ры́ба	молоко́	ма́сло

2. Vervollständigen Sie die Tabelle.

	хоте́ть	**мочь**
я	хочу́	могу́
ты		
он / она́		
мы	хоти́м	мо́жем
вы		
они́	хотя́т	мо́гут

3. Setzen Sie die richtigen Formen von хоте́ть ein.

1. Я *хочу* сыр. А что ты __________?
2. Она́ __________ сок. А что он __________?
3. Мы __________ ры́бу, а они __________ мя́со.
4. Вы __________ молоко́? – Да, __________.

4. Schließen Sie sich der Aussage entsprechend dem Muster an.

Я хочу́ ко́фе. А ты? – Я то́же хочу́ ко́фе.

1. Си́ма не хо́чет мя́со. А Зи́на?
2. Мы не хоти́м кока-ко́лу. А вы?
3. Вы хоти́те кака́о. А они́?
4. Я хочу́ ры́бу. А ты?

5. Üben Sie zu zweit nach dem Muster.

– Я хочу́ апельси́н. А что ты хо́чешь?
– Я хочу́ ки́ви.

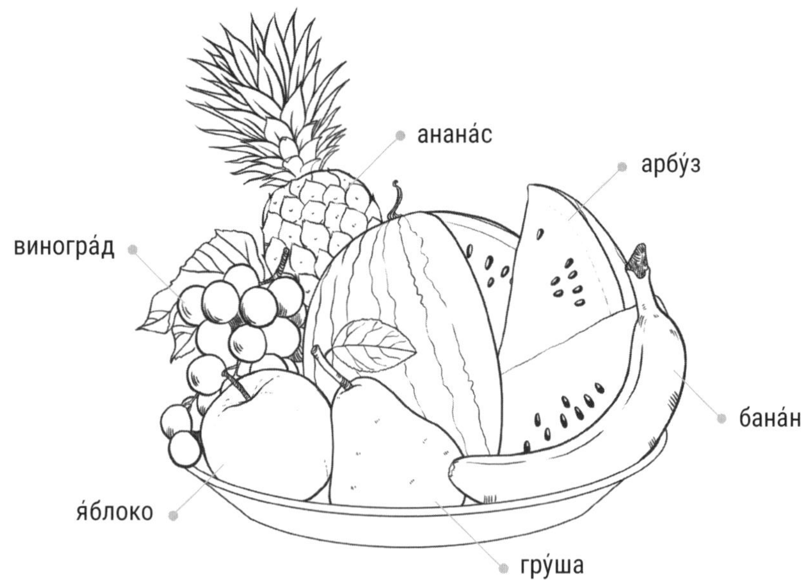

6. Das Verb können. Ergänzen Sie die passende Form.

1. Извини́, я сейча́с не *могу* говори́ть.
2. Что ты ____________ де́лать хорошо́?
3. Он не ____________ сейча́с учи́ть ру́сский язы́к.
4. Вы уже́ ____________ чита́ть по-ру́сски? – Да, мо́жем.
5. Они́ не ____________ так до́лго ждать.

7. Schließen Sie sich der Aussage entsprechend dem Muster an.

– Я могу́ чита́ть и писа́ть по-ру́сски. А ты?
– Я то́же могу́ (чита́ть и писа́ть по-ру́сски).

1. Он мо́жет чита́ть и писа́ть по-англи́йски. А ты?
2. Мы не мо́жем сейча́с учи́ть францу́зский язы́к. А вы?
3. Ты мо́жешь хорошо́ чита́ть и писа́ть по-неме́цки. А она́?
4. Вы не мо́жете до́лго ждать. А они́?

Teil 3

1. Setzen Sie die in Klammern stehenden Wörter in die richtige Form.

● Приве́т! Как дела́?	Hallo! Wie geht es?
◆ Норма́льно.	Normal. (Es geht.)
● Ты не зна́ешь, где Ма́ртин?	Weißt du (nicht), wo Martin ist?
◆ Кто? Ма́ртин? Ма́ртин сего́дня в ______ (теа́тр).	Wer? Martin? Martin ist heute im Theater.
● Ма́ртин в теа́тре! Вот э́то сюрпри́з! Что он там де́лает?	Martin ist im Theater! Was für eine Überraschung! Was macht er dort?
◆ Смо́трит ______ (спекта́кль).	Er schaut sich ein Theaterstück an.
● Что? Ма́ртин смо́трит спекта́кль?! Где? В ______ (теа́тр)? Ма́ртин не лю́бит ______ (теа́тр)!	Was? Martin schaut sich ein Theaterstück an!? Wo? Im Theater? Martin mag Theater nicht.
◆ Да, теа́тр он не лю́бит, но он лю́бит ______ (Ве́ра). А Ве́ра лю́бит ______ (теа́тр). Вот поэ́тому Ма́ртин сего́дня в теа́тре.	Ja, er mag Theater nicht, aber er mag Vera. Und Vera mag Theater. Deswegen ist Martin heute im Theater.
● Тепе́рь всё поня́тно.	Jetzt ist alles klar.

2. Das Verb люби́ть. Vervollständigen Sie die Tabelle.

я	люблю́	мы	лю́бим
ты		вы	
он / она́		они́	лю́бят

3. Verbinden Sie die Wörter.

Кто?		**Что? Кого́? Куда́?**
Я	люби́ть	теа́тр, о́пера, кино́
Он	знать	Ве́ра, Ка́тя, Анто́н, И́горь, Андре́й
Они́	смотре́ть (в)	спекта́кль, фильм, окно́

4. Fragen Sie Ihre zwei Nachbarn, was sie mögen: Theater, Kino, Ballett oder Oper. Stellen Sie Ihre Ergebnisse der Gruppe vor.

а. Ты лю́бишь / вы лю́бите ...?

б. Я люблю́ бале́т, но не люблю́ ... . А ты? / А вы?

5. Fügen Sie anstelle der Punkte die in Klammern stehenden Wörter in der erforderlichen Form ein.

1. Что вы обы́чно покупа́ете в магази́не? (мя́со, ры́ба, сок, молоко́, ...)

2. Что вы еди́те у́тром? (хлеб, сыр, ма́сло, варе́нье, ...)

3. Что вы чита́ете? (журна́л, газе́та, письмо́)

4. Что вы ви́дите в аудито́рии? (стол, стул, ла́мпа, окно́, шкаф, ...)

5. Кого́ вы уже́ зна́ете здесь? (А́нна, Ма́ртин, ...)

Teil 4

1. Vervollständigen Sie die Tabelle.

	идти́	**е́хать**
я	ид**у́**	е́д**у**
ты		
он / она́		
мы	идём	е́дем
вы		
они́	ид**у́т**	е́д**ут**

2. Lesen Sie die folgenden Beispiele. Merken Sie sich die Betonung der Verben идти́ und е́хать in der 2. Person Plural und der 1. Person Singular.

Куда́ вы **идёте**? > Я **иду́** на конце́рт.
Куда́ вы **е́дете**? > Я **е́ду** в Москву́.

3. Ergänzen Sie die Dialoge mit den passenden Formen der Verben.

идти́

1. ● Си́ма, ты ______ на рабо́ту сейча́с?

   ◆ Нет, я ______ на по́чту, а пото́м домо́й.

2. ● Куда́ вы ______ сейча́с?

   ◆ Мы ______ в кино́, а Си́ма ______ на по́чту.

éхать

3. ● Вы ______ в óтпуск?

◆ Да. Éдем на мóре. В Сóчи.
Кудá мы ______ отдыхáть,
всегдá решáет женá. Женá лю́бит Сóчи.
Вот тудá и éдем. А ты? Кудá ты ______?

● Я ______ в Анáпу.

4. Кудá они́ иду́т / éдут? Bilden Sie Sätze.

1. Я / идти́ / в / кинó
Я иду в кино.
2. Кудá / ты / идти́ / ?
3. Онá / идти́ / на / рабóта
4. Мы / идти́ / домóй
5. Вы / идти́ / в / музéй / ?
6. Они́ / идти́ / на / концéрт
7. Я / éхать / в / Вéна
8. Кудá / ты / éхать / ?
9. Он / éхать / в / Берли́н
10. Мы / éхать / домóй
11. Вы / éхать / на / óзеро / ?
12. Они́ / éхать / в / Росси́я

Präpositionen в / на + Ortsangaben

Где? (жить, рабóтать, ...)	**Кудá?** (идти́, éхать, ...)	
в + Präpositiv	**в** + Akkusativ	Я живу́ в Москв**é**.
на + Präpositiv	**на** + Akkusativ	Я éду в Москв**у́**.

в > Kontinente, Länder, Städte, Einrichtungen — Он рабóтает на пóчт**е**.
на > Straßen, Plätze, Veranstaltungen usw. — Он идёт на пóчт**у**.

5. Stellen Sie die entsprechenden Fragen wie im Muster

Она́ живёт в Ве́не. → Где?
Марк идёт на рабо́ту. → Куда́?

1. Он рабо́тает в ба́нке. ____________
2. Они́ иду́т на конце́рт. ____________
3. Она́ лю́бит отдыха́ть в па́рке. ____________
4. Ка́тя е́дет в Москву́. ____________
5. Ма́ртин хо́чет рабо́тать в Росси́и. ____________
6. Мы е́дем на о́зеро. ____________
7. Обы́чно я у́жинаю до́ма. ____________
8. Мы идём домо́й. ____________

6. Fügen Sie die passenden Wörter ein. Lesen Sie anschließend den Dialog mit verteilten Rollen.

Пойдёмте • ищу́ • Зна́ю • ви́жу

● Извини́те, я ____________ гастроно́м. Вы не зна́ете, где здесь гастроно́м?

◆ ____________. Вон там, на углу́. Ви́дите?

● Нет, не ____________.

◆ Я иду́ как раз сейча́с туда́. ____________ вме́сте.

7. Как по-ру́сски? Was sollten Sie auf Russisch sagen, wenn Sie ...

1. ... einen Freund ins Theater einladen.
2. ... mit Ihrem/r Freund/in zusammen Volleyball spielen möchten.
3. ... fragen wollen, ob jemand gerne Tennis spielt.
4. ... sagen wollen, dass Sie nicht kochen mögen, und dass Sie selten kochen.

Dritter Schritt / Lektion 3

1. Setzen Sie die in Klammern stehenden Wörter in richtiger Form ein.

а.	● Где ты живёшь?	Wo wohnst du?
	◆ Я живу́ далеко́ от ______ (центр) го́рода. Но зато́ я живу́ во́зле ______ (парк), и из ______ (окно́) я ви́жу о́зеро.	Ich wohne weit vom Zentrum der Stadt. Aber dafür wohne ich in der Nähe eines Parks und aus dem Fenster sehe ich einen See.
	● А я живу́ недалеко́ от ______ (вокза́л). Там о́чень шу́мно.	Und ich wohne nicht weit vom Hauptbahnhof. Dort ist es sehr laut.
	◆ Зато́ остано́вка трамва́я недалеко́ от ______ (дом).	Dafür ist die Straßenbahnhaltestelle nicht weit vom Haus.
б.	● Вы не зна́ете, где здесь стоя́нка такси́?	Wissen Sie, wo hier ein Taxistand ist?
	◆ Стоя́нка такси́ во́зле ______ (остано́вка) авто́буса. Вон там.	Ein Taxistand ist neben der Bushaltestelle. Dort drüben.

2. Übersetzen Sie folgende Minidialoge ins Russische.

1. – Entschuldigen Sie, wo ist hier eine Apotheke?

   – Eine Apotheke ist nicht weit von hier. Da um die Ecke, neben der Universität.

____

____

2. – Entschuldigen Sie, wo ist hier in der Nähe ein Supermarkt? Ich suche einen Supermarkt.

   – Hier, in der Nähe, gibt es keinen Supermarkt. Der nächste Supermarkt ist am Bahnhof.

____

____

3. Bilden Sie Minidialoge wie im Muster und üben Sie diese dann zu zweit.

– Извини́те, вы не зна́ете, где здесь побли́зости банк?
– Вон там, на углу́, во́зле рестора́на. Ви́дите?
– Ви́жу. Спаси́бо.
– Не за что.

Varianten:
рестора́н • музе́й • остано́вка трамва́я / авто́буса • кафе́ • апте́ка • метро́ ...
здесь / тут • вон там • сле́ва • спра́ва • недалеко́ от • далеко́ от • во́зле (о́коло)

4. Как по-ру́сски? Notieren Sie, wie man ...

1. ... nach der Adresse von jemandem fragt. ______________________
2. ... sagt, dass man die Stadt noch nicht kennt. ______________________
3. ... vorschlägt, zusammen zu gehen. ______________________

Präpositionen und Fälle

Отку́да?	**От кого́?**
из + Gen.	**от** + Gen.

5. Bilden Sie Sätze nach dem vorgegebenen Muster.

Посы́лка из Пари́жа,	→	Отку́да?
от подру́ги.	→	От кого́?
дом		сестра́
За́льцбург		брат
Москва́		И́горь и Андре́й
О́сло		друг

6. Lesen Sie die Städtenamen.

Рим • Мадри́д • Дюссельдо́рф • Кёльн • Мю́нхен • Га́мбург • Э́ссен • Грац • Линц • Пари́ж • Ни́цца • Цю́рих • Минск • Ки́ев • Оде́сса • Росто́в • Вене́ция

7. Fragen Sie Ihren Nachbarn nach seinem Heimatort.

– Отку́да вы?
– Я из Дюссельдо́рфа. А вы отку́да?
– Я из Оде́ссы.

8. Lesen Sie den Text und vervollständigen Sie die Sätze.

Ви́ктор – бухга́лтер в ____________ (банк). Он лю́бит ____________ (рабо́та). И ещё он о́чень лю́бит ____________ (поря́док), поэ́тому он хоро́ший бухга́лтер. У́тром Ви́ктор всегда́ споко́йно за́втракает и слу́шает ____________ (ра́дио). По́сле ____________ (за́втрак) он идёт на ____________ (рабо́та) в ____________ (банк). Ви́ктор никогда́ не спеши́т и никогда́ не опа́здывает.

Днём он рабо́тает. Обе́дает он на ____________ (рабо́та) оди́н. По́сле ____________ (обед) он отдыха́ет в ____________ (парк). Ве́чером Ви́ктор у́жинает и чита́ет ____________ (газе́та).

По́сле ____________ (у́жин) он смо́трит ____________ (телеви́зор).

Альбе́рт – музыка́нт. Он не смо́трит ве́чером телеви́зор, а идёт игра́ть в ____________ (футбо́л) и́ли ____________ (волейбо́л). Он хорошо́ игра́ет на ____________ (гита́ра), поэ́тому Альбе́рта ча́сто приглаша́ют в ____________ (го́сти). Альбе́рт мно́го чита́ет и лю́бит шути́ть. Он душа́ компа́нии. Он оптими́ст. Альбе́рт счита́ет, что пессими́зм – э́то настрое́ние, а оптими́зм – во́ля.

а. В oder на? Wählen Sie die richtige Präposition.

идёт	на	рабо́ту
обе́дает	______	рабо́те
отдыха́ет	______	па́рке
идёт игра́ть	______	футбо́л
игра́ет	______	гита́ре
приглаша́ют	______	го́сти

б. Was passt zusammen? Verbinden Sie.

1. Лю́бит	не спеши́т	5. Отдыха́ет	Ви́ктора
2. Слу́шает	оди́н	6. Чита́ет	газе́ту
3. Никогда́	поря́док	7. Це́нят	э́то жизнь
4. Обе́дает	ра́дио	8. Движе́ние –	в па́рке

в. Beantworten Sie die Fragen.

1. Ви́ктор – бухга́лтер?
2. Где он рабо́тает?
3. Что он лю́бит?
4. Что де́лает Ви́ктор у́тром?
5. Куда́ он идёт по́сле за́втрака?
6. Ви́ктор всегда́ спеши́т?
7. Он опа́здывает иногда́?
8. Что он де́лает днём?
9. Где Ви́ктор обе́дает?
10. Что он де́лает по́сле обе́да?
11.Что он де́лает ве́чером?
12. Ви́ктор смо́трит телеви́зор?
13. Когда́ он смо́трит телеви́зор?
14. Альбе́рт – музыка́нт?
15. Что де́лает Альбе́рт ве́чером?
16. Что ещё вы зна́ете об Альбе́рте?

А вы?

Ви́ктор – бухга́лтер?	– Да, Ви́ктор – бухга́лтер.
А вы? Кто вы?	– Я ______
Ви́ктор всегда́ за́втракает у́тром?	– Да, он всегда́ за́втракает у́тром.
А вы? Вы всегда́ за́втракаете у́тром?	– Я ______
Куда́ Ви́ктор идёт у́тром?	______
А что вы обы́чно де́лаете у́тром?	______

Ви́ктор никогда́ не спеши́т и никогда́
не опа́здывает?
А вы? Вы спеши́те иногда́?
Вы ча́сто опа́здываете?

Днём Ви́ктор рабо́тает?
А вы? Где вы днём?

Ви́ктор обе́дает на рабо́те?
А вы? Где вы обе́даете?

Когда́ Ви́ктор смо́трит телеви́зор?
А вы? Вы смо́трите телеви́зор?
Вы смо́трите телеви́зор днём и́ли ве́чером?

Альбе́рт ве́чером идёт игра́ть в футбо́л?
А вы? Что вы обы́чно де́лаете ве́чером?

г. Erzählen Sie von Viktor und Albert auf folgende Weise:
Der Erste beginnt, der Zweite wiederholt die Aussage des Ersten und fügt eine weitere hinzu.

1. Ви́ктор – бухга́лтер в ба́нке.
2. Ви́ктор – бухга́лтер в ба́нке. Он лю́бит рабо́ту.
3. Ви́ктор – бухга́лтер в ба́нке. Он лю́бит рабо́ту. И ещё он о́чень лю́бит поря́док.
4. ...

д. Sind Sie nun in der Lage, den vollen Text mit eigenen Worten wiederzugeben? Versuchen Sie es.

Vierter Schritt / Lektion 4

1. Vervollständigen Sie folgende Dialoge.

а.	● Что ты да́ришь ________ на день рожде́ния?	Was schenkst du Anna zum Geburtstag?
	◆ Ещё не зна́ю. А ты?	Ich weiß es noch nicht. Und du?
	● То́же не зна́ю. Я ищу́ пода́рок уже́ неде́лю.	Ich suche schon seit einer Woche nach einem Geschenk.
	◆ Марк, брат А́нны, то́чно зна́ет, что она́ лю́бит.	Mark, Annas Bruder, weiß genau, was sie mag.
	● Дава́й пря́мо сейча́с звони́ть ________. Он, наве́рное, уже́ до́ма.	Lass uns jetzt sofort Mark anrufen. Er ist wahrscheinlich schon zu Hause
б.	● Марк приве́т! Что ты де́лаешь?	Grüß dich Mark! Was machst du?
	◆ Смотрю́ фильм по ________.	Ich schaue mir den Film im Fernsehen an.
	● А А́нна уже́ до́ма?	Und ist Anna schon zu Hause?
	◆ Да, но она́ сейча́с говори́т по ________.	Ja, aber sie spricht jetzt am Telefon.
	● Иде́я! Телефо́н в пода́рок! А́нна лю́бит говори́ть по телефо́ну.	Eine Idee! Telefon als Geschenk! Anna telefoniert gerne.

2. Beantworten Sie die Fragen.

Кому́ ты звони́шь?
Ма́рку и А́нне.

Ви́ктор	дире́ктор	Андре́й	Ве́ра	сестра́
Михаи́л	брат	И́горь	Ка́тя	Зи́на

Präpositionen und Fälle

Кудá?	**К комý? / К чемý?**
в + Akk.	**к** + Dat

3. Bilden Sie Sätze nach dem vorgegebenen Muster.

Я éду в Пари́ж → Кудá?
к брáту. → К комý?

Берли́н	сестрá
Вéна	И́горь и Андрéй
О́сло	друг

4. Setzen Sie die in Klammern stehenden Wörter in richtiger Form ein. Stellen Sie die entsprechenden Fragen wie im Muster.

Кудá • К комý • Комý • Чемý • К чемý?

1. Они́ готóвятся к ______ (экзáмен). К чемý?
2. Сейчáс мы идём к ______ (музéй). ______
3. Я чáсто пишý ______ (друг) из Росси́и. ______
4. Они́ идýт к ______ (А́нна и Марк). ______
5. Онá чáсто звони́т ______ (мáма). ______
6. Он зави́дует ______ (терпéние) Ви́ктора. ______

5. Setzen Sie die fehlenden Präpositionen ein.

С • пéред • мéжду

● ______ кем ты рабóтаешь над проéктом?	Mit wem arbeitest du an dem Projekt?
◆ ______ И́горем и Кáтей.	Mit Igor und Katja.
● А как назывáется проéкт?	Und wie heißt das Projekt?
◆ Мост ______ Зáпадом и Востóком.	Die Brücke zwischen West und Ost.
● И когдá вы закáнчиваете?	Und wann beenden Sie / beendet ihr es?
◆ ______ Рождествóм.	Vor Weihnachten.

6. Как по-ру́сски? Notieren Sie, wie man folgende Sätze auf Russisch sagt.

1. Der Hund liegt unter dem Tisch. ______________________
2. Die Lampe hängt über dem Tisch. ______________________
3. Der Tisch steht vor dem Fenster. ______________________
4. Der Fernseher steht zwischen Tür und Fenster. ______________________
5. Die Vase und die Tasse stehen auf dem Tisch. ______________________
6. Die Palme steht auf dem Boden. ______________________

7. Где лежи́т (стои́т, виси́т, сиди́т) ...? Sie spielen und lernen dabei.

Beschreiben Sie, was Sie auf dem Bild sehen. Der Erste beginnt, der Zweite wiederholt die Aussage des Ersten und fügt eine weitere hinzu.

1. Стол стои́т на полу́.
2. Стол стои́т на полу́ пе́ред окно́м. За столо́м сиди́т де́вушка.
3. Стол стои́т на полу́ пе́ред окно́м. За столо́м сиди́т де́вушка. Под столо́м лежи́т соба́ка.
4. Стол стои́т на полу́ пе́ред окно́м. За столо́м сиди́т де́вушка. Под столо́м лежи́т соба́ка. На столе́ стои́т ча́шка. Ва́за стои́т на ту́мбочке.
5. ...

Und weiter. Was sehen Sie in Ihrem Raum?

1. Кни́га лежи́т на столе́.
2. Кни́га лежи́т на столе́. Стол стои́т на полу́.
3. Кни́га лежи́т на столе́. Стол стои́т на полу́. Ла́мпа виси́т ...
4. ...

8. Füllen Sie die Lücken aus.

● Ты зна́ешь, в чём ра́зница ме́жду глаго́лом «встреча́ться» и глаго́лом «встреча́ть»?	Weißt du, worin der Unterschied zwischen dem Verb „sich treffen“ und dem Verb „treffen“ besteht?
◆ «Встреча́ться» с кем, а «встреча́ть» кого́. Наприме́р: – ________ ты встреча́ешься ве́чером? – Я встреча́юсь с ________. – Что ты де́лаешь в аэропорту́? – Я встреча́ю ________.	Sich mit jemandem „treffen“ und jemanden „treffen“, abholen. Zum Beispiel: – Mit wem triffst du dich am Abend? – Ich treffe mich mit Anna. – Was machst du am Flughafen? – Ich hole Anna ab.
● Мы ча́сто встреча́емся у ________. Но: мы ча́сто встреча́ем ________ на остано́вке. Пра́вильно?	Wir treffen uns oft bei Anna. Aber: Wir treffen Anna oft an der Haltestelle.
◆ Пра́вильно. И́менно так.	Richtig. Genau so.

9. Ergänzen Sie in den Sätzen die passenden Formen von встреча́ть / встреча́ться.

1. Я ча́сто ________ А́нну в университе́те.
2. Когда́ вы ________? – Мы ________ сего́дня ве́чером.
3. Где вы ________ с А́нной? – В кафе́.
4. Что ты де́лаешь здесь, на вокза́ле? – Я ________ А́нну.

10. Stellen Sie Fragen zu den fettgedruckten Wörtern.

1. Они́ **из Москвы́**. Отку́да?
2. На́дя ча́сто звони́т **ма́ме**. ________
3. Я иду́ **на конце́рт**. ________
4. Ма́ртин лю́бит **Ве́ру**. ________
5. Мы занима́емся **спо́ртом**. ________
6. **Мы с А́нной** идём в кино́. ________
7. Марк рабо́тает **в ба́нке**. ________
8. Стол стои́т **пе́ред окно́м**. ________
9. Она́ расска́зывает **о Москве́**. ________
10. Они́ говоря́т **о преподава́теле**. ________

11. Beantworten Sie die Fragen. Verwenden Sie dabei die in Klammern angegebenen Wörter.

1. Отку́да они́? (Росси́я)

____

2. Кому́ вы ча́сто звони́те? (брат и сестра́)

____

3. Кого́ вы всегда́ приглаша́ете в го́сти? (друг и подру́га)

____

4. Чем вы обы́чно пи́шете? (ру́чка)

____

5. С кем они́ лю́бят говори́ть по телефо́ну? (А́нна и Ма́ртин)

____

6. О ком вы говори́те? (преподава́тель)

____

7. О чём вы расска́зываете? (о́тпуск)

____

8. Где вы живёте? (Швейца́рия / А́встрия / Герма́ния)

____

12. Setzen Sie die fehlenden Präpositionen ein.

ме́жду • за • че́рез • из • по • с • под • в • над

1. Он _______ Москвы́.
2. Она́ лю́бит гуля́ть _______ го́роду.
3. Ма́ма лю́бит говори́ть _______ телефо́ну.
4. Соба́ка лежи́т _______ столо́м.
5. Ря́дом _______ да́чей есть о́зеро.
6. Экза́мен _______ неде́лю, _______ понеде́льник.
7. У ма́мы _______ столо́м виси́т ла́мпа.
8. Апте́ка _______ угло́м.
9. Стол стои́т _______ окно́м и две́рью.

13. Notieren Sie, wie man folgende Sätze auf Russisch sagt.

1. Lassen Sie / lasst uns Kaffee trinken. ____________________
2. Wer trinkt Kaffee mit Milch? ____________________
3. Ein Tee mit Zucker, bitte. ____________________
4. Alles ist sehr lecker. ____________________

14. Konjugieren Sie die Verben пить, есть, люби́ть, разгова́ривать, проводи́ть, занима́ться.

15. Beantworten Sie folgende Fragen.

1. Вы пьёте чай и́ли ко́фе у́тром?
2. Вы пьёте ко́фе с молоко́м?
3. А чай вы пьёте без молока́?
4. Вы еди́те хлеб на за́втрак?
5. Вы еди́те хлеб с ма́слом и́ли без ма́сла?
6. Вы лю́бите говори́ть по телефо́ну?
7. С кем вы ча́сто разгова́риваете?
8. Вы мно́го вре́мени прово́дите за компью́тером?
9. Вы занима́етесь спо́ртом?

Fünfter Schritt / Lektion 5

1. Bilden Sie den Plural der angegebenen Wörter.

журна́л	*журна́лы*	газе́та	______	студе́нтка	______
студе́нт	______	ла́мпа	______	ру́чка	______
стол	______	па́льма	______	да́ча	______
слова́рь	______	ва́за	______	кни́га	______
музе́й	______	неде́ля	______	подру́га	______
сло́во	______	дом	______	брат	______
мо́ре	______	глаз	______	друг	______
ме́сто	______	го́род	______	стул	______
письмо́	______	ве́чер	______	челове́к	______
окно́	______	па́спорт	______	ребёнок	______

2. Как по-неме́цки …? Stellen Sie sich gegenseitig Fragen zu den Wörtern aus der Übung 1, wie im Muster.

Как по-неме́цки журна́л?
Как по-неме́цки …?

3. Ergänzen Sie die fehlenden Wörter.

● Как ты у́чишь но́вые ______?	Wie lernst du neue Wörter?
◆ Я чита́ю ру́сские ______ и ______.	Ich lese russische Zeitungen und Zeitschriften.
● А где ты их берёшь?	Und wo bekommst du sie?
◆ Раз в неде́лю я покупа́ю ______ и́ли ______ в кио́ске ря́дом с университе́том.	Einmal in der Woche kaufe ich eine Zeitung oder eine Zeitschrift im Kiosk neben der Universität.

4. Beantworten Sie die Fragen. Verwenden Sie dabei in Klammern angegebenen Wörter.

1. Чегó здесь не хватáет? (столы́ и стýлья)

____

2. Комý вы помогáете? (дéти)

____

3. Что вы лю́бите читáть? (детекти́вы)

____

4. Когó вы чáсто вспоминáете? (роди́тели)

____

5. С кем ты éдешь в óтпуск? (друзья́)

____

6. О чём вы чáсто говори́те? (кни́ги и фи́льмы)

____

7. О ком ты расскáзываешь? (соседи)

____

5. Wiederholung. Lesen Sie den Text. Ergänzen Sie die in Klammern stehenden Verben in der richtigen Form.

Привéт! Я Михаи́л. Кóротко – Ми́ша. Я ________ (жить) и ________ (учи́ться) в Вéне, ________ (изучáть) рýсский язы́к и литератýру в университéте. Я хорошó ________ (понимáть) рýсский язы́к и ужé неплóхо ________ (говори́ть) по-рýсски.

Нáша грýппа интернационáльная: здесь ________ (учи́ться) нéмцы и австри́йцы, поля́ки и сéрбы, чéхи и словáки, вéнгры и румы́ны. Мы бýдущие филóлоги, перевóдчики и журнали́сты. В грýппе ________ (учи́ться) и рýсские студéнты. Они́ ________ (расскáзывать) о Росси́и, о культýре, о тради́циях и лю́дях. Мы ________ (говори́ть) и по-рýсски, и по-немéцки.

Мы ужé ________ (знать), что рýсские грóмко ________ (разговáривать), не ________ (скрывáть) эмóции и чáсто откры́то ________ (говори́ть), о чём ________ (дýмать). А ещё рýсские – óчень гостеприи́мный нарóд.

Сейчáс мы ________ (изучáть) граммáтику, ________ (учи́ть) словá, ________ (читáть) журнáлы и газéты, ________ (смотрéть) фи́льмы, а потóм ________ (обсуждáть) игрý актёров и сюжéт. Учи́ть словá скýчно, затó смотрéть фи́льмы и читáть по-рýсски óчень интерéсно.

Чáсто я ________ (сидéть) у окнá. ________ (Смотрéть) в окнó и ________ (мечтáть). Я ________ (хотéть) быть дипломáтом и́ли журнали́стом. Мечтáть не врéдно ...

а. Was passt zusammen? Verbinden Sie.

изуча́ю	ру́сский язы́к
понима́ю	по-ру́сски
говорю́	

б. Setzen Sie die fehlenden Präpositionen ein.

Они́ расска́зывают ______ Росси́и.
Я сижу́ ______ окна́.
Смотрю́ ______ окно́.

в. Beantworten Sie die Fragen.

1. Где живёт Ми́ша?
2. Где он у́чится?
3. Ми́ша зна́ет ру́сский язы́к?
4. Кто у́чится вме́сте с Ми́шей в гру́ппе?
5. Что он уже́ зна́ет о ру́сских лю́дях?
6. О чём он мечта́ет?

г. Erzählen Sie von Mischa, mit eigenen Worten.

6. Was sagt man auf Russisch, wenn man ...

1. ... nach der Uhrzeit fragt?
2. ... fragt, wann der Film beginnt?
3. ... fragt, wann das Konzert vorbei ist?
4. ... fragt, wann jemand nach Hause kommt?

7. Fragen Sie nach der Uhrzeit.

1. Ско́лько сейча́с вре́мени? – Сейча́с ...
2. Когда́ ты обы́чно встаёшь у́тром? – Обы́чно я встаю ...
3. Когда́ вы обе́даете? – Мы обе́даем ...
4. Когда́ ты прихо́дишь домо́й? – Я прихожу́ домо́й ...
5. Когда́ вы обы́чно у́жинаете? – Обы́чно мы у́жинаем в ...

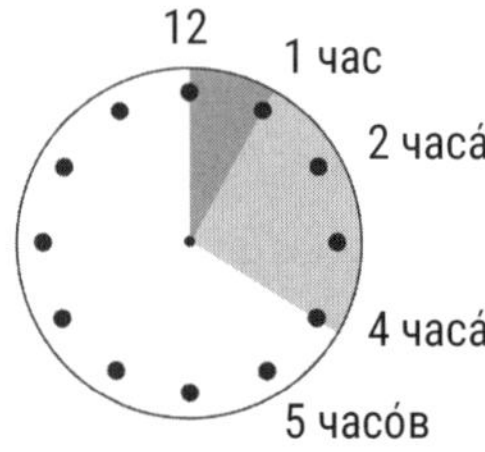

8. Ergänzen Sie die Sätze.

1. Он не чита́ет, а ...
2. Я учи́тель, а ...
3. Мы покупа́ем в кио́ске газе́ты, а ...
4. Я зака́нчиваю рабо́ту в четы́ре часа́, а ...

а. ... они́ покупа́ют журна́лы.
б. ... она́ инжене́р.
в. ... смо́трит телеви́зор.
г. ... в пять часо́в я уже́ до́ма.

Sechster Schritt / Lektion 6

1. Füllen Sie die Lücken aus.

●	Вы ждёте Ви́ктора?	Wartet ihr auf Viktor?
◆	Да, мы ждём ______ здесь.	Ja, wir warten auf ihn hier.
●	А Ви́ктор ждёт ______ на остано́вке.	Und Viktor wartet auf euch an der Haltestelle.

2. Setzen Sie in Ihrer Antwort die entsprechenden Personalpronomen wie im Muster ein.

Ты зна́ешь А́нну? – Да, я зна́ю **её.**

1. Тебя́ зову́т Ве́ра? – Да, ______________________________
2. Де́вушку зову́т На́дя? ______________________________
3. Ты ви́дишь мужчи́ну, там, сле́ва от А́нны? ______________________________
4. Ви́ктор ждёт нас на остано́вке? ______________________________
5. Ты зна́ешь На́дю и Андре́я? ______________________________

3. Füllen Sie die Lücken aus.

●	Здра́вствуйте, Мари́я Ива́новна! Э́то Ми́ша. Как у вас дела́?	Guten Tag, Maria Ivanovna! Hier ist Mischa. Wie geht es Ihnen?
◆	У меня́ всё хорошо́, спаси́бо.	Mir geht es gut, danke.
●	Марк до́ма?	Ist Mark zu Hause?
◆	______ нет, он на рабо́те.	Er ist nicht da, er ist bei der Arbeit.
●	А А́нна? А́нна до́ма?	Und Anna? Ist Anna zu Hause?
◆	______ то́же нет.	Sie ist auch nicht da.

4. Setzen Sie in Ihrer Antwort die entsprechenden Personalpronomen ein.

Merken Sie sich, dass die Formen des Personalpronomens im Genitiv dem Akkusativ entsprechen.

1. А́нны нет до́ма? – Да, ______
2. Э́то пода́рок для А́нны? ______
3. Ма́ртин живёт недалеко́ от тебя́? ______
4. Анто́н стои́т спра́ва от А́нны и Ма́рка? ______
5. У Ви́ктора плохо́е настрое́ние? ______

5. Füllen Sie die Lücken aus.

● Ско́лько Ве́ре лет?	Wie alt ist Vera?
◆ ______ два́дцать четы́ре го́да.	Sie ist 24 Jahre alt.
● Пра́вда? Она́ вы́глядит на восемна́дцать лет. А ско́лько лет Ма́ртину?	Ist das wahr? Sie sieht aus wie 18. Und wie alt ist Martin?
◆ ______ три́дцать пять лет.	Er ist 35 Jahre alt.

6. Setzen Sie in Ihrer Antwort die entsprechenden Personalpronomen ein.

1. Вам нра́вится гуля́ть по го́роду? – Да, ______
2. Ты зна́ешь, ско́лько мне лет? ______
3. Вы ча́сто звони́те подру́ге? ______
4. И дру́гу ча́сто звони́те? ______
5. Вы лю́бите покупа́ть пода́рки друзья́м? ______
6. Роди́тели расска́зывают вам о рабо́те? ______

7. Füllen Sie die Lücken aus.

● Ты идёшь со ______ на пляж?	Gehst du mit mir zum Strand?
◆ Извини́, не могу́. Мы с роди́телями е́дем на да́чу. Поéдем с ______! Там и о́зеро есть.	Entschuldige, ich kann nicht. (Meine) Eltern und ich fahren zur Datscha. Fahr mit uns! Dort gibt es auch einen See.
● С удово́льствием!	Mit Vergnügen!

8. Setzen Sie in Ihrer Antwort die entsprechenden Personalpronomen ein.

1. С тобо́й всё в поря́дке? – Да, ______
2. Ты идёшь сейча́с на пляж с А́нной? ______
3. Вы встреча́етесь с Ви́ктором на остано́вке? ______
4. Вы лю́бите говори́ть по телефо́ну с друзья́ми? ______
5. Роди́тели живу́т с ва́ми? ______

9. Füllen Sie die Lücken aus.

●	Ма́ртин спра́шивает иногда́ обо ______?	Fragt Martin manchmal nach mir?
◆	Нет, он ча́сто спра́шивает о Ве́ре, а о ______ нет. Он постоя́нно ду́мает о ней.	Nein, er fragt oft nach Vera, und nach dir (fragt er) nicht. Er denkt ständig an sie.
●	Жаль, что не обо ______.	Schade, dass (er) nicht an mich (denkt).

10. Setzen Sie in Ihrer Antwort die entsprechenden Personalpronomen ein.

1. Ты иногда́ вспомина́ешь обо мне? – Да, ______
2. Вы говори́те о Ви́кторе? ______
3. Он ча́сто спра́шивает о Ве́ре? ______
4. Они́ говоря́т о нас? ______
5. Она́ расска́зывает о Ма́ртине и Ве́ре? ______

11. Was sagt man auf Russisch, wenn man …

1. … nach dem Namen fragt?
2. … sagt, dass jemand nicht zu Hause ist.
3. … nach dem Alter fragt?
4. … fragt, was mit jemandem los ist?
5. … wissen möchte, was jemand über Sie erzählt?

12. Setzen Sie die Personalpronomen in der richtigen Form ein und lesen Sie dann den Text nochmals.

я • она́ • мы • они́ • оно́

Сего́дня день рожде́ния А́нны. Все обсужда́ют пода́рки. А ____________ всё равно́. Гла́вное не пода́рок, а внима́ние. Чего́ не хвата́ет А́нне? Я ду́маю, что ________ не хвата́ет внима́ния. Поэ́тому я предлага́ю испо́льзовать фанта́зию и тала́нт: пе́сни, та́нцы, стихи́ для ________ . И комплиме́нты. Комплиме́нты ничего́ не сто́ят, но о́чень нра́вятся де́вушкам. ______ люблю́ и могу́ де́лать комплиме́нты. Но э́то не всегда́ рабо́тает. Де́вушки хорошо́ чу́вствуют, где пра́вда, а где обма́н.

Никто́ не хо́чет дари́ть пе́сни и та́нцы, поэ́тому ______ идём в магази́н за пода́рками. Альбе́рт покупа́ет детекти́в, а Кла́вдия – кни́гу по кулинари́и, потому́ что А́нна лю́бит гото́вить. Алекса́ндр вспомина́ет, что А́нна давно́ мечта́ет о пое́здке в Росси́ю и о́чень хо́чет име́ть путеводи́тель по Москве́. _______ покупа́ют ещё и путеводи́тель.
А я покупа́ю цветы́. Огро́мный буке́т! Вот _______ , внима́ние!

а. Ergänzen Sie die fehlenden Wörter.

Гла́вное не пода́рок, а ...
Мы идём в магази́н за ...
А́нна давно́ мечта́ет о ...

1. ... пое́здке в Росси́ю. 2. ... пода́рками. 3. ... внима́ние.

б. Beantworten Sie die Fragen.

1. У кого́ сего́дня день рожде́ния?
2. Кому́ друзья́ выбира́ют пода́рок?
3. Что покупа́ет Альбе́рт?
4. Что покупа́ет Кла́вдия?
5. О чём вспомина́ет Алекса́ндр?
6. Что де́лает Анто́н?

А вы?
1. Вы лю́бите дари́ть пода́рки и́ли получа́ть их?
2. Вы то́же счита́ете, что гла́вное не пода́рок, а внима́ние?
3. Вы лю́бите де́лать комплиме́нты?
4. Вам нра́вится, когда́ вам да́рят цветы́?

в. Erzählen Sie den Text mit eigenen Worten nach. Schreiben Sie ihn auf.

Siebter Schritt / Lektion 7

1. Possessivpronomen im Nominativ. Vervollständigen Sie die Tabelle.

Maskulinum	Femininum	Neutrum	Plural
мой	______	моё	______
твой	______	твоё	______
ваш	______	ва́ше	______
наш	______	на́ше	______

2. Füllen Sie die Lücken aus.

- ● Э́то ______ друг? — Ist das Ihr Freund?
- ◆ Да, э́то ______ друг. — Ja, das ist mein Freund.
- ● А э́то ______ сестра́? — Und ist das Ihre Schwester?
- ◆ Нет, э́то ______ подру́га. — Nein, das ist meine Freundin.

3. Как по-ру́сски? Notieren Sie, wie man folgende Sätze auf Russisch sagt.

1. Das ist mein Pass. ______
2. Das ist meine Firma. ______
3. Ihre Adresse, bitte. ______
4. Verzeihen Sie, ist das Ihr Gepäck? ______
5. Wo ist Ihr Büro? ______
6. Das ist Ihr Hotel und dort ist unseres. ______

4. Vervollständigen Sie folgende Dialoge.

●	Кто танцу́ет с ________ сестро́й?	Wer tanzt mit Ihrer Schwester?
◆	Я не зна́ю.	Ich weiß es nicht.
●	Как не зна́ете!	Wie, sie wissen es nicht!
◆	Э́то не ________ сестра́. Я не зна́ю, кто э́то. ________ сестра́ сейча́с до́ма.	Das ist nicht meine Schwester. Ich weiß nicht, wer das ist. Meine Schwester ist jetzt zu Hause.

5. Beantworten Sie die Fragen. Gebrauchen Sie dabei die rechts stehenden Wörter.

1. Кто здесь, на фотогра́фии?
2. Чьи э́то фотогра́фии?
3. Кому́ вы звони́те?
4. Кого́ вы вспомина́ете?
5. С кем вы ча́сто встреча́етесь?
6. О ком вы лю́бите расска́зывать?

мой друг / наш друг

моя́ подру́га / на́ша подру́га

мои́ друзья́ / на́ши друзья́

6. Vervollständigen Sie die Sätze mit den passenden Formen der Possessivpronomen.

1. Почему́ ______________ (ваш) бра́та нет сего́дня в университе́те?
2. У ______________ (на́ша) подру́ги А́нны день рожде́ния.
3. Мы идём к ______________ (на́ши) друзья́м в го́сти.
4. Вы расска́зываете ______________ (ва́ши) роди́телям о свои́х пробле́мах?
5. Мы зна́ем ______________ (ва́ши) сосе́ди.
6. Вы живёте вме́сте с ______________ (ва́ши) роди́телями?
7. Вы говори́те о ______________ (ваш) преподава́теле?

7. Bilden Sie Fragesätze nach dem Muster.

Э́то ваш преподава́тель. → Чей э́то преподава́тель?

1. Э́то мой телефо́н. ______
2. Э́то твой слова́рь. ______
3. Э́то твоя́ газе́та. ______
4. Э́то ва́ше окно́. ______
5. Э́то мои́ друзья́. ______
6. Э́то твои́ роди́тели. ______
7. Э́то ва́ши ве́щи. ______
8. Э́то на́ши кни́ги. ______

8. Bilden Sie Fragesätze nach dem Muster.

Э́то его́ сестра́. → Чья э́то сестра́?

1. Э́то её подру́га. ______
2. Э́то его́ друг. ______
3. Э́то её окно́. ______
4. Э́то их друзья́. ______
5. Э́то ... ______

9. Wessen ... ist das? Fragen Sie nach den Gegenständen, die Sie in Ihrem Raum sehen, wie im Muster.

а. Чей э́то телефо́н? Твой? – Да, мой.
Чей (чья, чьё, чьи) э́то ...?

Varianten:
телефо́н • учёбник • слова́рь • вода́ • очки́ • рюкза́к • су́мка ...

б. Ist das dein ...? Fragen Sie.

Э́то твой телефо́н? – Нет, не мой. Э́то телефо́н Ма́ртина / А́нны. Э́то его́ / её телефо́н.
Э́то твой (твоя́, твоё, твои́) ...? / Э́то ваш (ва́ша, ва́ше, ва́ши) ...?

10. Как по-ру́сски? Notieren Sie, wie man folgende Sätze auf Russisch sagt.

1. Kennen Sie seine Geschäftsnummer (nicht)? ______
2. Ich rufe immer sein Handy an. ______
3. Sein Handy antwortet schon seit einer Woche nicht. ______

11. Vervollständigen Sie folgende Dialoge.

● Ты не зна́ешь, ________ э́то кни́га?	Weißt du, wessen Buch das ist?
◆ Моя́.	Meins.
● А ________ э́то телефо́н?	Und wessen Telefon ist das?
◆ Наве́рное, э́то телефо́н На́ди. Здесь лежи́т ________ су́мка. И ________ пальто́ здесь. Она́ ча́сто забыва́ет ________ ве́щи.	Wahrscheinlich ist das Nadjas Telefon. Hier liegt ihre Tasche. Und ihr Mantel ist da. Sie vergisst oft ihre Sachen.

12. Wiederholung. Vervollständigen Sie die Tabelle.

	сиде́ть	**стоя́ть**
я	________	________
ты	________	________
он / она́	________	________
мы	сиди́м	стои́м
вы	________	________
они́	________	________

13. Vervollständigen Sie die Sätze mit den passenden Formen der Verben.

Попуга́й и Челове́к

Попуга́й спра́шивает у Челове́ка:
Заче́м тебе́ стул?
Я на нём ________ (сиде́ть), – отвеча́ет Челове́к.
Как ________ (сиде́ть) ? – не понима́ет Попуга́й.
Так же, как ты ________ (сиде́ть) на ве́тке.
Ерунда́! – се́рдится Попуга́й. – Я не ________ (сиде́ть),
я ________ (стоя́ть) на ве́тке.
Зна́чит, ты никогда́ не ________ (сиде́ть) ? – удивля́ется Челове́к.
Сижу́. Сижу́ в твое́й кле́тке!

Achter Schritt / Lektion 8

1. Füllen Sie die Lücken aus. Lesen Sie den Dialog nochmals.

● Ли́за, Ли́зонька, Лизо́чек… Как ______ (ты) на са́мом де́ле зову́т?	Lisa, Lisonka, Lisotschek … Wie heißt du eigentlich?
◆ ______ (Я) зову́т Ли́за. Но друзья́ и роди́тели называ́ют меня́ Ли́зонька и́ли Лизо́чек. У нас при́нято дава́ть уменьши́тельные имена́ челове́ку. Наприме́р: А́нна, А́ня, А́нечка, Аню́та. Михаи́л, Ми́ша, Ми́шенька. Наде́жда, На́дя, На́денька. Любо́вь, Лю́ба.	Ich heiße Lisa. Aber (die) Freunde und(meine) Eltern nennen mich Lisonka oder Lisotschek. Bei uns ist es üblich, einem Menschen Verkleinerungsformen von Namen zu geben. Zum Beispiel: Anna, Anja, Anetschka, Anyuta. Mihail, Mischa, Mischenka. Nadeschda, Nadja, Nadenka. Lubov, Luba.
● А у ______ (ты) есть брат и́ли сестра́?	Und hast du einen Bruder oder eine Schwester?
◆ Нет, у ______ (я) нет ни бра́та, ни сестры́. Я еди́нственный ребёнок в семье́. Зато́ у меня́ есть Ве́ра, Наде́жда и Любо́вь.	Nein, ich habe weder Bruder noch Schwester. Ich bin das einzige Kind in der Familie. Dafür habe ich Glaube, Hoffnung und Liebe.
● Звучи́т краси́во. Что э́то зна́чит? Я зна́ю, что «ве́ра» по-неме́цки – Glaube, «наде́жда» – Hoffnung, «любо́вь» – Liebe.	Klingt schön. Was bedeutet das? Ich weiß, dass „ве́ра“ auf Deutsch Glaube, „наде́жда“ Hoffnung, „любо́вь“ Liebe ist.
◆ У ______ (я) есть ба́бушка. ______ (Она́) зову́т Ве́ра. У ба́бушки две до́чери. Мою́ ма́му зову́т Наде́жда, а сестру́ мое́й ма́мы зову́т Любо́вь. Ве́ра, Наде́жда, Любо́вь – моя́ семья́.	Ich habe eine Großmutter. Sie heißt Vera (Glaube). Großmutter hat zwei Töchter. Meine Mutter heißt Nadeschda (Hoffnung), und die Schwester meiner Mutter heißt Lubov (Liebe). Glaube, Hoffnung und Liebe – das ist meine Familie.

а. *Finden Sie die richtigen Antworten im Dialog.*

1. У Ли́зы есть брат и́ли сестра́?
2. У неё есть ба́бушка?
3. У ба́бушки две и́ли три до́чери?
4. Как зову́т ба́бушку Ли́зы?
5. Как зову́т её ма́му?
6. Как зову́т её тётю?

б. *Erzählen Sie den Dialog mit eigenen Worten nach.*

2. Vervollständigen Sie die Tabelle.

я	у меня́	мы	у нас
ты		вы	
он		они́	у них
она́			

3. Übersetzen Sie den Dialog ins Deutsche, und lesen Sie ihn dann mit verteilten Rollen.

– У вас есть ещё биле́ты на конце́рт?
– На сего́дня?
– Да.
– Ещё есть.
– Отли́чно. Два биле́та, пожа́луйста.
– Вот, пожа́луйста.

4. Schließen Sie sich der Aussage entsprechend dem Muster an.

У нас есть биле́ты на конце́рт. А у вас?
У нас то́же есть.

У нас есть биле́ты ... (в теа́тр, в кино́, на бале́т, в музе́й, ...)

5. Есть / нет. Fragen Sie einander wie im Muster.

У меня́ есть соба́ка. А у тебя́?
У меня́ то́же есть соба́ка. / У меня́ **нет** соба́к**и**.

Varianten:

ко́шка • попуга́й • кварти́ра • дом • маши́на • брат • сестра́ • де́ти • друзья́ ...

6. Notieren Sie, wie man folgende Sätze auf Russisch sagt.

1. Ich habe seine Geschäftsnummer. ______
2. Hast du meine Telefonnummer? ______
3. Hat er Opernkarten? ______
4. Haben Sie Karten für das Konzert? ______

7. Formulieren Sie die Fragen zu den Antworten.

1. ______ Её зову́т А́нна.
2. ______ Она́ из Москвы́.
3. ______ Ей 22 го́да.
4. ______ У неё нет дете́й.
5. ______ Да, у неё есть брат.
6. ______ Его́ зову́т Марк.
7. ______ У них мно́го друзе́й.

8. Verb auf -овать. Vervollständigen Sie die Tabelle.

сове́товать

я	сове́тую	мы	сове́туем
ты	______	вы	______
он / она́	сове́тует	они́	______

9. Ergänzen Sie die Endungen des Verbs плани́ровать.

1. Я ничего́ не плани́р ______ на ве́чер.
2. Что ты плани́р ______ де́лать в выходны́е?
3. Он не плани́р ______ рабо́тать там.
4. Мы плани́р ______ учи́ть ру́сский язы́к о́сенью.
5. Вы плани́р ______ экску́рсию по го́роду?
6. Ле́том они́ плани́р ______ мно́го путеше́ствовать.

10. Bereiten Sie aufgrund dieser Fragen eine Erzählung über sich vor.

1. Как вас зову́т? ______________________
2. Отку́да вы? ______________________
3. Ско́лько вам лет? ______________________
4. Где живёт ва́ша семья́: в го́роде и́ли дере́вне? ______________________
5. Как зову́т ва́ших роди́телей? ______________________
6. У вас есть бра́тья и́ли сёстры? ______________________
7. У вас есть друзья́? ______________________
8. Что вы лю́бите / не лю́бите? ______________________
9. Вы лю́бите пра́здники? ______________________
10. Вы мно́го путеше́ствуете? ______________________
11. Что вы обы́чно де́лаете ве́чером? ______________________

11. Füllen Sie die Lücken aus und lesen Sie dann den Text nochmals.

Оди́н англича́нин ______________________ (reist) на Кавка́зе. В одно́м го́роде он чита́ет на дверя́х гости́ницы на́дпись: «Здесь говоря́т на всех языка́х».
Англича́нин спра́шивает хозя́ина по-англи́йски:
– ______________________ (Haben Sie) свобо́дный но́мер?
Хозя́ин не понима́ет вопро́са и ничего́ не отвеча́ет. Англича́нин повторя́ет по-неме́цки:
– ______________________ (Haben Sie / Gibt es in Ihrem Hotel) свобо́дный но́мер?
И сно́ва хозя́ин ничего́ не отвеча́ет. Тогда́ англича́нин спра́шивает по-ру́сски:
– Кто же здесь говори́т на всех языка́х?
Хозя́ин споко́йно отвеча́ет:
– Тури́сты.

а. Erzählen Sie diese Geschichte auf folgende Weise:
Der Erste beginnt, der Zweite wiederholt die Aussage des Ersten und fügt eine weitere hinzu.

1. Оди́н англича́нин путеше́ствует по Кры́му.
2. Оди́н англича́нин путеше́ствует по Кры́му. В одно́м го́роде он чита́ет на дверя́х гости́ницы на́дпись.
3. Оди́н англича́нин путеше́ствует по Кры́му. В одно́м го́роде он чита́ет на дверя́х гости́ницы на́дпись: «Здесь говоря́т на всех языка́х».
4. ...

б. Versuchen Sie den Text mit eigenen Worten wiederzugeben. Schreiben Sie ihn auf.

Neunter Schritt / Lektion 9

1. Lesen und übersetzen Sie folgende Adjektive. Schreiben Sie sie dann in der Tabelle in den passenden Formen.

Merken Sie sich, dass nach г, к, х und den Zischlauten (ж, ш, щ, ч) ***-и-*** *anstatt -ы- steht.*

но́вый • вече́рний • молодо́й • си́ний • вчера́шний • кра́сный • краси́вый • дома́шний • дорого́й • интере́сный • голубо́й • большо́й

	Как**о́й**?	Как**а́я**?	Как**о́е**?	Как**и́е**?
hart **-ый**	но́вый		но́вое	
-о́й				
weich **-ий**				

2. Vervollständigen Sie die Tabelle mit den passenden Formen.

кра́сный		си́ний		дорого́й	
красный	пуло́вер		шарф		костю́м
	ку́ртка		шля́па		су́мка
	пла́тье		пальто́		портмоне́
	шо́рты		джи́нсы		очки́

3. Beantworten Sie die Fragen. Gebrauchen Sie dabei die rechts stehenden Wörter.

1. Како́й э́то пуло́вер? — ста́рый — Это старый пуловер.
2. Кака́я э́то кварти́ра? — но́вый
3. Како́е э́то пальто́? — краси́вый
4. Каки́е э́то журнали́сты? — молодо́й

5. Како́й э́то конце́рт? — вече́рний
6. Кака́я э́то ку́ртка? — си́ний
7. Како́е э́то зада́ние? — дома́шний
8. Каки́е э́то газе́ты? — вчера́шний

9. Како́й э́то текст? — лёгкий
10. Кака́я э́то су́мка? — ма́ленький
11. Како́е э́то окно́? — большо́й
12. Каки́е э́то кварти́ры? — дорого́й

4. Was ist Ihre Lieblingsfarbe? Fragen Sie einander.

– Како́й твой люби́мый цвет? / Како́й ваш люби́мый цвет?
– Мой люби́мый цвет – си́ний. А твой? / А ваш?

5. Bilden Sie Minidialoge wie im Muster und üben Sie dann zu zweit.

– Где мой костю́м?
– Како́й костю́м?
– Бе́лый.

– Где моё пла́тье?
– Како́е пла́тье?
– Бе́лое.

– Где моя́ су́мка?
– Кака́я су́мка?
– Бе́лая.

– Где мои́ джи́нсы?
– Каки́е джи́нсы?
– Бе́лые.

Varianten:

пуло́вер • шарф • ку́ртка • пальто́ • шо́рты • очки́ ...
кра́сный • си́ний • голубо́й • чёрный • ста́рый • но́вый ...

6. Füllen Sie die Lücken aus.

● Како́й чуде́сный ве́чер сего́дня!	Was für ein wunderbarer Abend ist heute!
◆ Да, о́чень ______________ ве́чер.	Ja, der Abend ist sehr schön.
● А каки́е ______________ лю́ди вокру́г! Ты зна́ешь, э́то ______________ рестора́н. Здесь ______________ дома́шняя ку́хня.	Und was für interessante Leute sind um uns herum! Weißt du, das ist ein neues Restaurant. Hier gibt es gute Hausmannskost.
◆ Да, хоро́шая еда́. Но я люблю́ ______________ и ______________ рестора́ны. Э́тот сли́шком большо́й и ______________. Но всё равно́, большо́е спаси́бо за приглаше́ние.	Ja, das gute Essen. Aber ich mag kleine und gemütliche Restaurants. Dieses ist zu groß und teuer. Aber trotzdem vielen Dank für die Einladung.

7. Ergänzen Sie die Adjektive in der passenden Form.

ма́ленький • ую́тный • краси́вый • чёрный • роско́шный • чуде́сный • настоя́щий • прекра́сный • очарова́тельный

Звёздная ночь. ______________ рестора́н. У́жин при свеча́х. ______________ пла́тье. ______________ во́лосы, блестя́щие глаза́, серебри́стый смех. Вме́сте уже́ два го́да. ______________ вре́мя! ______________ любо́вь, лу́чший друг. Шампа́нское! Предлага́ю ру́ку и се́рдце. На одно́ коле́но. Лю́ди смо́трят? Мне всё равно́! ______________ бриллиа́нтовое кольцо́. Румя́нец на щека́х, ______________ улы́бка.

Как нет?!

Ergänzen Sie ein passendes Substantiv.

звёздная ________	ма́ленький ________	краси́вое ________	чёрное ________
роско́шные ________	чуде́сное ________	настоя́щая ________	прекра́сное ________

8. Ersetzen Sie den Singular durch den Plural.

1. Э́то но́вый рестора́н.

2. Ма́ленький ма́льчик игра́ет во дворе́.

3. У меня́ есть хоро́ший друг.

4. Мой сын изуча́ет иностра́нный язы́к.

5. Сего́дня мы чита́ем лёгкий текст и смо́трим но́вый ру́сский фильм.

6. Он о́чень интере́сный челове́к.

9. Beantworten Sie die Fragen verneinend.

1. У тебя́ есть кра́сный каранда́ш?

– Нет, ...

2. У вас есть но́вый учё́бник?

3. У тебя́ есть ру́сско-неме́цкий слова́рь?

4. У тебя́ есть ли́шняя ру́чка?

5. У тебя́ есть сейча́с свобо́дное вре́мя?

6. У вас есть но́вые ру́сские журна́лы?

10. Beantworten Sie die Fragen. Verwenden Sie dabei die in Klammern angegebenen Wörter.

а. 1. Кому́ вы покупа́ете пода́рок? (ста́рый друг)

2. Кому́ вы да́рите но́вый телефо́н? (ва́ша люби́мая тётя)

3. Како́му сосе́ду вы помога́ете? (но́вый сосе́д)

4. Како́й де́вушке он покупа́ет цветы́? (знако́мая де́вушка)

5. Каки́м студе́нтам вы помога́ете изуча́ть неме́цкий язы́к? (но́вые ру́сские студе́нты)

б. 1. Кого́ ты приглаша́ешь в го́сти? (ста́рый друг)

2. Кого́ вы ждёте здесь? (но́вый преподава́тель)

3. Кого́ вы ча́сто встреча́ете на остано́вке? (но́вая сосе́дка)

4. Како́й цвет она́ лю́бит? (кра́сный и голубо́й цвет)

5. Каку́ю ку́ртку мы да́рим А́нне? (но́вая си́няя ку́ртка)

6. Каки́е фи́льмы вы лю́бите? (италья́нские и францу́зские фи́льмы)

в. 1. С кем он сейча́с идёт в кино́? (но́вый ру́сский друг)

2. С кем вы ча́сто разгова́риваете по телефо́ну? (люби́мая тётя)

3. С кем они́ рабо́тают над прое́ктом? (неме́цкие колле́ги)

4. С како́й де́вушкой он у́жинает в рестора́не? (знако́мая де́вушка)

5. С каки́м пла́тьем она́ но́сит голубо́й шарф? (си́нее пла́тье)

6. С каки́ми друзья́ми он лю́бит гуля́ть по го́роду? (ста́рые друзья́)

г. 1. Где вы покупа́ете уче́бники? (сосе́дний кни́жный магази́н)

2. Где они́ живу́т? (больша́я но́вая кварти́ра)

3. Где ты нахо́дишь таки́е интере́сные статьи́? (но́вые ру́сские журна́лы)

4. О ком она́ всё вре́мя говори́т? (люби́мый друг)

5. О чём он так гро́мко расска́зывает? (но́вый францу́зский фильм)

6. О чём ты ду́маешь? (зи́мние кани́кулы)

11. Bilden Sie 10 Sätze mit von Ihnen ausgewählten Adjektiven.

Zehnter Schritt / Lektion 10

Teil 1

1. Lesen Sie den Dialog auf Russisch mit verteilten Rollen.

– Дава́й ку́пим э́тот стол.	Lass uns diesen Tisch kaufen.
– Како́й? Э́тот и́ли тот?	Welchen? Diesen oder jenen?
– Э́тот. Он большо́й и практи́чный.	Diesen. Er ist groß und praktisch.
– А мне нра́вится тот. Тот ма́ленький и удо́бный.	Aber mir gefällt jener. Jener ist klein und bequem.

2. Demonstrativpronomen im Nominativ. Vervollständigen Sie die Tabelle.

Maskulinum	Femininum	Neutrum	Plural
э́тот	______	э́то	______
тот	______	то	______

3. Тот / то. Vervollständigen Sie die Sätze mit den passenden Formen.

1. Мне не нра́вится *то*, что ты де́лаешь.
2. У нас нет ______, что вы и́щете.
3. Вы помога́ете ______ челове́ку, о кото́ром ча́сто расска́зываете?
4. Иногда́ она́ говори́т не ______, что ду́мает.
5. Прия́тно разгова́ривать с ______, кто хорошо́ слу́шает.
6. Вы расска́зываете о ______, что то́чно зна́ете?

4. Э́та. Vervollständigen Sie die Sätze mit den passenden Formen.

1. Мне нра́вится *эта* шля́па.
2. У меня́ нет ______ кни́ги.
3. ______ сипати́чную де́вушку зову́т Лиза.
4. С ______ де́вушкой я учу́сь в одно́й гру́ппе.
5. Мы живём в ______ кварти́ре уже́ 3 го́да.

5. Füllen Sie die Lücken aus.

● Дорога́я, ты хо́чешь ______ шля́пу?	Liebste, möchtest du diesen Hut?
◆ Таки́е шля́пы никто́ не но́сит.	Solche Hüte trägt niemand.
● Тогда́ ______.	Dann jenen.
◆ А таки́е но́сят все.	Und solche tragen alle.

6. Lesen Sie den Dialog mit verteilten Rollen und übersetzen Sie ihn ins Deutsche.

– Тебе́ нра́вится э́тот кра́сный спорти́вный костю́м?
– А почему́ кра́сный? Кра́сный цвет тебе́ не идёт.
– А како́й цвет мне идёт?
– Бе́лый и голубо́й. Э́ти цвета́ иду́т тебе́.

7. Vervollständigen Sie die Minidialoge auf Russisch.

1. ● Мне нра́вится э́тот кра́сный спорти́вный костю́м.
   ◆ ______

   Sie sagen, dass Ihnen dieser Sportanzug auch sehr gefällt.

2. ● Мой люби́мый цвет – кра́сный.
   ◆ ______

   Sie sagen, dass Sie diese Farbe nicht mögen.

3. ● Э́то о́чень большо́й разме́р.
   ◆ ______

   Sie sagen, dass diese Größe zu klein ist

8. Тебе́ нра́вится? Bilden Sie Minidialoge und üben Sie dann zu zweit.

– Тебе́ нра́вится мой голубо́й пуло́вер?
– Да, нра́вится. Он тебе́ о́чень идёт. / Нет, не нра́вится. Э́тот цвет тебе́ не о́чень идёт.

Verwenden Sie folgende Ausdrücke:

Тебе́ идёт э́тот зелёный (си́ний, кра́сный, чёрный, ...) цвет.
Мне не идёт жёлтый.
Ей идёт э́тот костю́м / э́то пла́тье / э́та шля́па.
Ему́ о́чень иду́т э́ти очки́.

9. Как по-ру́сски? Wie sagt man die folgenden Sätze auf Russisch?

1. In diesem Bezirk gibt es viele Restaurants und Cafés.
2. In dieser Straße gibt es ein italienisches Restaurant, und in jener ist ein gutes chinesisches.
3. In diesem Restaurant ist eine vegetarische Küche, und in jenem ist eine Nationalküche.

10. Füllen Sie die Lücken aus und lesen Sie dann den Text nochmals.

Моя́ семья́ живёт в це́нтре го́рода на ти́хой зелёной у́лице, в са́мом большо́м и краси́вом до́ме на ______________(э́та) у́лице. В до́ме шесть этаже́й. Моя́ кварти́ра на ______________(шесто́й) этаже́. Мои́ роди́тели живу́т то́же в ______________ (э́тот) до́ме, то́лько на ______________ (второ́й) этаже́. Кварти́ра ба́бушки напро́тив кварти́ры роди́телей. Она́ живёт одна́ в ма́ленькой, но о́чень ую́тной и све́тлой кварти́ре. В ______________ (э́тот) же до́ме живёт моя́ люби́мая тётя, сестра́ мое́й ма́мы. Её кварти́ра на ______________ (пя́тый) этаже́.

а. *Was passt zusammen? Verbinden Sie.*

Семья́ живёт	шесть этаже́й
В до́ме	в це́нтре го́рода
Роди́тели живу́т	напро́тив кварти́ры роди́телей
Кварти́ра ба́бушки	одна́
Ба́бушка живёт	на пя́том этаже́
Кварти́ра тёти	на второ́м этаже́

б. *Erzählen Sie den Text mit eigenen Worten nach.*

11. Beantworten Sie die Fragen. Verwenden Sie dabei in Klammern angegebenen Wörter

1. В како́м до́ме вы живёте? (э́тот но́вый / ста́рый дом)

____

2. На како́м этаже́ ва́ша кварти́ра? (четвёртый, пя́тый, шесто́й)

____

3. В како́й кварти́ре вы живёте? (э́та ма́ленькая / больша́я кварти́ра)

____

4. На како́й у́лице живу́т ва́ши роди́тели? (э́та ти́хая зелёная у́лица)

____

5. На како́м этаже́ кварти́ра ва́ших роди́телей? (пе́рвый, второ́й, тре́тий)

____

Teil 2

1. Übersetzen Sie folgende Sätze ins Deutsche.

1. Вот челове́к, кото́рый э́то де́лает.

2. Кто э́тот челове́к, во́зле кото́рого она́ стои́т?

3. Друг, кото́рому она́ пи́шет, живёт в Берли́не.

4. Э́то челове́к, кото́рого ты хорошо́ зна́ешь.

5. Я зна́ю челове́ка, с кото́рым она́ говори́т.

6. Мужчи́на, о кото́ром она́ ча́сто расска́зывает, её оте́ц.

7. Де́вушку, кото́рая там стои́т, зову́т Си́ма.

8. Вот де́вушка, от кото́рой я получа́ю пи́сьма.

9. Си́ма – де́вушка, кото́рой я всегда́ помога́ю.

10. Э́то де́вушка, кото́рую ты хорошо́ зна́ешь.

11. Де́вушку, с кото́рой он перепи́сывается, зову́т Зи́на.

12. Вот де́вушка, о кото́рой он ча́сто расска́зывает.

2. Vervollständigen Sie die Minidialoge entsprechend dem Muster.

– Ты зна́ешь э́того челове́ка?
– **Како́го** челове́ка?
– **Кото́рый** стои́т ря́дом с А́нной?

1. – Кто э́тот челове́к?
   – Како́й челове́к?
   – Во́зле ______________________ она́ стои́т.

2. – Её друг живёт в Берли́не.
   – Како́й друг?
   – ______________________ она́ ча́сто пи́шет.

3. – Мне нра́вится э́та де́вушка.
   – Кака́я де́вушка?
   – ______________________ он покупа́ет цветы́.

4. – Ты зна́ешь э́ту сосе́дку?
   – Каку́ю сосе́дку?
   – ______________________ живёт на второ́м этаже́.

5. – Э́та де́вочка – её сестра́.
   – Кака́я де́вочка?
   – С ______________________ она́ там игра́ет.

6. – Мне нра́вится э́та у́лица .
   – Кака́я у́лица?
   – На ______________________ они́ живу́т.

7. – Кто э́ти лю́ди?
   – Каки́е лю́ди?
   – О ______________________ он расска́зывает.

3. Beantworten Sie folgende Fragen.

1. Вам нра́вится жить в го́роде и́ли в дере́вне?
2. Вам нра́вится у́лица, на кото́рой вы живёте?
3. В како́м до́ме вы живёте, в большо́м и́ли в ма́леньком?
4. Вам нра́вится дом, в кото́ром вы живёте?

5. На како́м этаже́ ва́ша кварти́ра?
6. Кака́я у вас кварти́ра, больша́я и́ли ма́ленькая?
7. Вам нра́вится кварти́ра, в кото́рой вы живёте?
8. Вам нра́вятся кварти́ры в ста́рых и́ли в но́вых дома́х?

4. Bilden Sie Sätze nach dem Muster.

Виктор всегда́ молчи́т.	Он тако́й молчали́вый. Он так молчали́в.
1. Надя, ты сли́шком мно́го говори́шь!	Ты така́я ______
2. Почти́ все же́нщины лю́бят поболта́ть.	______
3. Он всегда́ всё забыва́ет.	______
4. Как она́ мо́жет так до́лго всё терпе́ть!	______

5. Beantworten Sie folgende Fragen.

1. Вам нра́вятся разгово́рчивые и́ли молчали́вые лю́ди?
2. Вы молчали́вый и́ли разгово́рчивый челове́к?
3. Вы терпели́вый челове́к?
4. Вы лю́бите спо́рить? Вы ча́сто спо́рите?
5. На кого́ вы похо́жи? (на отца́, ма́му, ба́бушку, де́душку, ...)
6. Что вы должны́ де́лать ка́ждый день? (убира́ть кварти́ру, гото́вить, покупа́ть проду́кты, ...)

Elfter Schritt / Lektion 11

1. Lesen Sie den Dialog auf Russisch und ergänzen Sie die fehlenden Wörter und Sätze.

● Уважа́емые да́мы и господа́! Добро́ пожа́ловать в на́шу __________ ! Мы це́ним вре́мя на́ших __________ и поэ́тому прово́дим презента́цию на́шей __________ в бу́дний день. Та́кже мы предлага́ем сего́дня развлека́тельную програ́мму и фурше́т. __________ , господи́н Рю́рик!

Sehr geehrte Damen und Herren! Herzlich Willkommen in unserem Unternehmen! Wir schätzen die Zeit unserer Klienten und machen deswegen die Präsentation unserer Produkte während des Arbeitstags. Auch bieten wir heute ein Unterhaltungsprogramm und ein Büfett. Herzlich Willkommen, Herr Rurik!

◆ Моя́ фами́лия Рю́рих.

Mein Name ist Rurich.

● Прости́те, господи́н Рю́рих!

Verzeihen Sie, Herr Rurich!

◆ __________ .

Das macht nichts.

● Господи́н Ивано́в ждёт вас.

Herr Ivanov wartet auf Sie.

◆ __________ , я не могу́ сейча́с обсужда́ть с господи́ном Ивано́вым предложе́ние ва́шей __________ . У меня́ сего́дня ма́ло вре́мени для э́того. Но мы мо́жем плани́ровать на́шу встре́чу на сле́дующей неде́ле в моём __________ .

Leider kann ich jetzt nicht mit Herrn Ivanov das Angebot ihrer Firma besprechen. Ich habe heute wenig Zeit dafür. Aber wir können unser Treffen für nächste Woche in meinem Büro planen.

● Да, __________ и __________ говори́ть о прое́кте в споко́йной атмосфе́ре.

Ja, es ist einfacher und besser über das Projekt in ruhiger Atmosphäre zu sprechen.

◆ Я жду господи́на Ивано́ва в понеде́льник, в три часа́. Вот моя́ визи́тка. Здесь мой телефо́н и __________ . Я не могу́ гаранти́ровать положи́тельное реше́ние, но обсужда́ть ва́ше предложе́ние мы мо́жем.

Ich warte auf Herrn Ivanov am Montag um 3 Uhr. Hier ist meine Visitenkarte. Hier ist meine Telefonnummer und E-Mail-Adresse. Ich kann keine positive Entscheidung garantieren, aber wir können ihr Angebot besprechen.

● Благодарю́ вас за интере́с к на́шей компа́нии.

Vielen Dank für ihr Interesse an unserem Unternehmen.

a. Was ist richtig? Kreuzen Sie an.

1. Фи́рма прово́дит презента́цию ...

____ в воскресе́нье
____ в суббо́ту
____ в бу́дний день

3. Господи́н Рю́рих предлага́ет встре́чу в его́ о́фисе ...

____ в понеде́льник, в 3 часа́
____ в сре́ду, в 5 часо́в
____ во вто́рник, в 9 утра́

2. Господи́н Рю́рих хо́чет обсужда́ть предложе́ние фи́рмы ...

____ сра́зу
____ ве́чером
____ на сле́дующей неде́ле

б. Setzen Sie die Sätze fort.

1. К сожале́нию, я не могу́ сейча́с обсужда́ть с господи́ном Ивано́вым ...
2. Но мы мо́жем плани́ровать на́шу встре́чу ...
3. Я не могу́ гаранти́ровать положи́тельное реше́ние, но ...
4. Благодарю́ вас за ...

2. Ergänzen Sie den Dialog rechts.

са́мое глубо́кое	са́мые ста́рые	бо́льше всего́
са́мый молодо́й	са́мое большо́е	бо́льше всех

● Weißt du, dass es in Russland 10 Zeitzonen und 12 Meere gibt. — Ты зна́ешь, что в Росси́и де́сять часовы́х поясо́в и двена́дцать море́й.

◆ Ich weiß es nicht. — Не зна́ю.

● Der Ural ist das älteste Gebirge der Welt, der Baikalsee in Sibirien ist der tiefste der Erde, und der Ladogasee ist der größte See Europas. — Ура́л – ____________ го́ры в ми́ре, о́зеро Байка́л в Сиби́ри – ____________ о́зеро на Земле́, а Ла́дожское о́зеро – ____________ о́зеро Евро́пы.

◆ Du bist der jüngste hier, weißt aber am meisten. Das wundert mich am meisten. — Ты ____________ здесь, а зна́ешь ____________. Э́то удивля́ет меня́ ____________.

3. Lesen Sie den Text. Vervollständigen Sie die Sätze.

Ру́сская ку́хня

Како́е ________________ (das wichtigste) ру́сское блю́до? Наве́рное, вы уже́ представля́ете борщ? Нет, э́то не борщ. Борщ – украи́нское блю́до. Са́мое гла́вное ру́сское блю́до – щи с капу́стой. И ка́ша. Щи и ка́ша – еда́ на́ша. К сло́ву сказа́ть, ка́ши обы́чно едя́т на за́втрак. Традицио́нный за́втрак та́кже яи́чница, омле́т, сы́рники из тво́рога, блины́ и́ли чай с бутербро́дом.

Суп – пе́рвое и гла́вное блю́до к обе́ду. Обе́д без су́па и хле́ба не обе́д. Реце́пты супо́в в ру́сской ку́хне о́чень разнообра́зны. Кста́ти, щи – э́то то́же суп из мя́са, капу́сты, карто́феля, морко́ви и лу́ка. Борщ – э́то щи со свёклой. Едя́т щи и борщ со смета́ной.

Пото́м второ́е блю́до. На второ́е ________________ (am häufigsten) едя́т мя́со и́ли ры́бу с гарни́ром. ________________ (Am liebsten) ру́сские лю́бят пельме́ни, голубцы́, пирожки́ с мя́сом, карто́шкой и́ли капу́стой.

На десе́рт пьют компо́т, кисе́ль и́ли чай с конфе́тами, варе́ньем и́ли пирого́м. У́жин напомина́ет обе́д, но без су́па.

Ру́сские лю́бят сала́ты. ________________ (Die bekanntesten) – сала́т «оливье́» и ры́ба «под шу́бой». Винегре́т та́кже давно́ уже́ – национа́льное блю́до. Ру́сский класси́ческий винегре́т де́лают со свёклой, морко́вью, карто́фелем, солёными огурца́ми и лу́ком. Со́ус к винегре́ту: у́ксус, ма́сло, соль и пе́рец.

Са́мое гла́вное в ру́сской ку́хне – э́то изоби́лие на столе́.

Сего́дня ру́сская ку́хня – одна́ из ________________ (der reichesten und interessantesten) в ми́ре. В ней есть мно́го элеме́нтов европе́йской ку́хни, а та́кже мно́го блюд из ку́хни стран бы́вшего Сове́тского Сою́за.

Вы чита́ете про еду́ и уже́ хоти́те есть? Уже́ идёте к холоди́льнику? Уже́ открыва́ете его́? Тогда́ прия́тного аппети́та!

Ergänzen Sie.

1. Са́мое гла́вное ру́сское блю́до –
2. Ка́ши обы́чно едя́т ...
3. Едя́т щи и борщ ...
4. Са́мый люби́мый сала́т –

а. ... со смета́ной. б. ... щи с капу́стой. в. ... сала́т «оливье́». г. ... на за́втрак.

4. Beantworten Sie folgende Fragen.

1. Како́е блю́до из ру́сской ку́хни вы зна́ете?
2. Како́е блю́до – гла́вное в ва́шей национа́льной ку́хне?
3. Како́е блю́до вы лю́бите бо́льше всего́?
4. Ваш люби́мый десе́рт?

5. Lesen Sie den Text. Vervollständigen Sie die Sätze.

Пра́здники в Росси́и

Ру́сские – весёлый наро́д, они́ о́чень лю́бят пра́здники и гото́вятся к ним зара́нее. На столе́ всегда́ в э́ти дни мно́го вку́сной еды́. Когда́ ру́сские собира́ются вме́сте, они́ гро́мко говоря́т, пою́т и танцу́ют. Са́мый люби́мый пра́здник – Но́вый год. Встреча́ют его́ ве́село, с друзья́ми и родны́ми. Когда́ часы́ бьют ________________ (12), зага́дывают жела́ние и поздравля́ют друг дру́га с Но́вым го́дом, с но́вым сча́стьем. Наро́д весели́тся всю ночь.

Зи́мние пра́здники продолжа́ются ________ (2) неде́ли. Снача́ла отмеча́ют католи́ческое Рождество́, пото́м Но́вый Год, ________________ (am 7.01) отмеча́ют правосла́вное Рождество́, а зате́м Ста́рый Но́вый Год. Но са́мый люби́мый пра́здник – э́то новогодняя ночь. Она́ начина́ется ________________ (am 31.12) и зака́нчивается у́тром ________________ (am 1.01).

Ма́сленица – стари́нный ру́сский пра́здник, когда́ встреча́ют весну́. Блины́ – си́мвол со́лнца и пра́здника. Их де́лают с кра́сной икро́й, смета́ной и́ли варе́ньем. Э́то о́чень весёлый, шу́мный пра́здник.

________________ (Am 8.03) ру́сские пра́зднуют Же́нский день. В э́тот день до́ма всю дома́шнюю рабо́ту де́лают мужчи́ны. Же́нщинам и де́вочкам да́рят пода́рки и цветы́.

Весно́й есть ещё оди́н пра́здник. Э́то Па́сха. Мно́гие гото́вят куличи́, кра́сят я́йца и иду́т в це́рковь.

Пра́здников мно́го, но са́мый лу́чший тот, кото́рый возника́ет спонта́нно. Ведь пра́здник для ру́сских – э́то не про́сто да́та в календаре́, э́то осо́бенное состоя́ние души́. Гла́вное в ру́сском пра́зднике – настоя́щее весе́лье, когда́ душа́ поёт и танцу́ет. Стра́нная она́, э́та ру́сская душа́: смеётся и пла́чет, поёт и танцу́ет...

Beantworten Sie folgende Fragen.

1. Как ру́сские лю́ди пра́зднуют Но́вый год?
2. Како́го числа́ ру́сские пра́зднуют Рождество́?
3. Когда́ Рождество́ в ва́шей стране́?
4. Что вы зна́ете о Ма́сленице?
5. Когда́ в Росси́и Же́нский день? Как его́ пра́зднуют?
6. Како́й ещё пра́здник есть весно́й?
7. А како́й пра́здник вы лю́бите бо́льше всего́?
8. Како́й пра́здник вы всегда́ пра́зднуете?

6. Setzen Sie die fehlenden Präpositionen ein.

1. День рожде́ния у меня́ ______ октябре́.
2. На́ша семья́ всегда́ приглаша́ет госте́й ______ Рождество́ и ______ день рожде́ния.
3. Ча́ще всего́ мы прово́дим презента́ции ______ выходны́м.

7. Fragen Sie sich gegenseitig nach Ihrem Geburtstag. Stellen Sie Ihre Ergebnisse der Gruppe vor.

– Когда́ у тебя́ / у вас день рожде́ния?
– У меня́ день рожде́ния … . А у тебя́ / у вас?
…

8. С пра́здником! Beglückwünschen Sie Personen, die Sie kennen.

Поздравля́ю вас с пра́здником! Жела́ю сча́стья и здоро́вья!

1. день рожде́ния
2. Рождество́
3. Но́вый год

Zwölfter Schritt / Lektion 12

1. Vervollständigen Sie die Tabelle.

	рабо́тать	**гото́виться**
(я, ты) он	рабо́тал	гото́вился
(я, ты) она́		
оно́	рабо́тало	гото́вилось
мы, вы, они		

2. Ersetzen Sie das Präsens der Verben durch das Präteritum.

1. Ра́ньше я о́чень ________ (люби́ть) гуля́ть по ста́рому го́роду.
2. Я ________ (учи́ться) в университе́те в Берли́не.
3. Ма́ртин ________ (рабо́тать) с Ма́рком в Москве́.
4. В про́шлом году́ мы ________ (отдыха́ть) в Со́чи.
5. Вчера́ они́ до́лго ________ (гуля́ть) в па́рке.
6. Вы ________ (чита́ть) э́ту кни́гу?

3. Notieren Sie, wie man folgende Sätze auf Russisch sagt.

1. Früher lebte er in Wien. ________
2. Haben Sie in einem Hotel gewohnt? ________
3. Haben Sie in Moskau studiert? ________
4. Ich habe Russisch an der Universität studiert. ________
5. Wo haben Sie früher gearbeitet? ________

4. Ersetzen Sie das Präsens der Verben durch das Präteritum.

1. Ло́ра живёт в Пари́же. ______________________________

2. Она́ у́чится в Сорбо́нне. ______________________________

3. Ло́ра мно́го занима́ется. ______________________________

4. У неё никогда́ нет вре́мени. ______________________________

5. У Ло́ры есть кварти́ра в Пари́же. ______________________________

5. Schließen Sie sich der Aussage Ihres Gesprächspartners entsprechend dem Muster an.

Я люблю́ гуля́ть по ста́рому го́роду.

Ра́ньше я то́же люби́л / люби́ла гуля́ть по ста́рому го́роду.

1. Я учу́сь в университе́те в Берли́не.
2. Я рабо́таю в Росси́и.
3. У меня́ есть кварти́ра в Ве́не.
4. У меня́ есть соба́ка и ко́шка.
5. У меня́ нет вре́мени сего́дня.

6. Fragen Sie sich gegenseitig wie im Muster.

– Что вы де́лали вчера́ ве́чером?

– Мы ходи́ли в кино́. А вы?

– Мы гуля́ли по го́роду.

Varianten:

писа́ть пи́сьма / гото́вить у́жин / де́лать убо́рку в кварти́ре / игра́ть с детьми́ / чита́ть но́вые журна́лы / рабо́тать на да́че / смотре́ть телеви́зор / ...

7. Was haben Sie letzte Woche gemacht? Schreiben Sie einige Sätze.

Fangen Sie so an:

На про́шлой неде́ле я ...

8. Был, была́, бы́ли. Notieren Sie, wie man folgende Sätze auf Russisch sagt.

1. Wo warst du gestern? ______________________________

2. Ich war bei Anna. ______________________________

3. Gestern war sie in Berlin. ______________________________

4. Wo wart ihr im Urlaub? ______________________________

5. Waren Sie in den Bergen? ______________________________

9. Schließen Sie sich der Aussage an.

Я была́ в библиоте́ке. А где ты был?

Я то́же был в библиоте́ке.

1. Мы бы́ли в университе́те. А где вы бы́ли?

2. Вера была́ до́ма. А где в э́то вре́мя был Ма́ртин?

3. Вчера́ ве́чером они́ бы́ли в кино́. А где вы бы́ли?

4. Я был в магази́не. А где ты была́?

10. Fragen Sie einander.

Ты уже́ был / была́ в Пари́же? – Да, был / была́ в про́шлом году́.
– Нет, ещё не был / не была́.

Ты уже́ был / была́ в ... (Москва́, Пра́га, Будапе́шт, Рим, Барсело́на, Мадри́д, ...)

Вы уже́ бы́ли в ...?

11. Кем они́ бы́ли? Vervollständigen Sie die Sätze.

И́горь – архите́ктор. Его па́па то́же был архите́ктором.

1. Марк – хоро́ший юри́ст. Его́ оте́ц то́же был хоро́шим ...
2. Альбе́рт – музыка́нт. Его́ отец то́же был ...
3. Ви́ктор – бухга́лтер. Его́ де́душка то́же был ...
4. Си́ма – изве́стный врач. Её ма́ма то́же была́ изве́стным ...
5. Зи́на – балери́на. Её ба́бушка то́же была́ ...

Dreizehnter Schritt / Lektion 13

1. Vervollständigen Sie die Tabelle.

unvollendetes Verb	vollendetes Verb	deutsche Bedeutung
де́лать	сде́лать	tun, machen
гото́вить		
звони́ть		
смотре́ть		
чита́ть		
встава́ть		
зака́нчивать		
возвраща́ться		
говори́ть		
отдыха́ть		
покупа́ть		
понима́ть		
спра́шивать		

2. Lesen Sie folgenden Text. Nennen Sie die Verben in der Infinitivform und fügen Sie den entsprechenden Aspektpartner in der Tabelle hinzu.

– Как написа́ть симфо́нию? – спроси́л Мо́царта оди́н молодо́й компози́тор.
– Лу́чше нача́ть с просто́го, наприме́р, с балла́ды, – посове́товал ге́ний.
– Но вы са́ми сочини́ли симфо́нию в де́вять лет!
– Да, но я не спра́шивал, как э́то де́лать.

unvoll. Aspekt	voll. Aspekt
...	написа́ть

3. Lesen Sie die Beispiele mit verteilten Rollen.

а. *Beachten Sie, dass die unvollendeten Verben Handlungen in ihrem Verlauf bezeichnen.*

– Что ты де́лал вчера́ ве́чером?

– Вчера́ ве́чером я чита́л, писа́л пи́сьма, гото́вил у́жин, пото́м у́жинал, пото́м смотре́л телеви́зор.

б. *Beachten Sie, dass die vollendeten Verben einmalige Handlungen, die ein Ergebnis erreicht haben, bezeichnen.*

– Ты сде́лала всё, что плани́ровала?

– Да, всё сде́лала: написа́ла два письма́, прочита́ла все статьи́ в но́вом журна́ле, сде́лала убо́рку в кварти́ре, пригото́вила у́жин, позвони́ла роди́телям и пото́м посмотре́ла хоро́ший фильм по телеви́зору.

4. Bilden Sie mit den Verben чита́ть, смотре́ть, гото́вить Minidialoge wie im Muster und üben Sie dann zu zweit.

– Что ты де́лал/а вчера́ ве́чером?

– Я писа́л/а пи́сьма.

5. Bilden Sie mit den Verben прочита́ть, посмотре́ть, позвони́ть, зако́нчить Minidialoge wie im Muster und üben Sie dann zu zweit.

– Ты уже́ написа́л/а име́йл на́шим партнёрам?

– Да, написа́л/а. / Нет, ещё не написа́л/а.

Ты уже́ ...

6. Bilden Sie einige Sätze mit von Ihnen ausgewählten Verben wie im Muster unten.

Präsens	**Präteritum**	
immer unvoll. Verb	**unvoll.** Verb	**voll.** Verb
Я **чита́ю** кни́гу. Я **пишу́** письмо́. ...	Я **чита́л** э́ту кни́гу 2 дня. Я **писа́л** письмо́ весь ве́чер.	Я **прочита́л** э́ту кни́гу за 2 дня. Вчера́ я, наконе́ц, **написа́л** ему́.

7. Was ist richtig?

1. Когда́ он вчера́ … домо́й?
___ а. верну́лся
___ б. возвраща́лся

2. Я … э́ту кни́гу 2 дня.
___ а. чита́л
___ б. прочита́л

3. Ты …, что я сказа́л?
___ а. понима́ешь
___ б. по́нял

4. Они́ … тебе́ вчера́ весь день. Где ты был?
___ а. звони́ли
___ б. позвони́ли

5. Наконе́ц она́ … нам обо всём.
___ а. писа́ла
___ б. написа́ла

6. Где вы … э́тот уче́бник?
___ а. покупа́ете
___ б. купи́ли

8. Ergänzen Sie das Verb in der richtigen Form.

1. Sie wollen sagen, dass Sie dieses Buch in 2 Tagen durchgelesen haben.

   Я ______________________ э́ту кни́гу за два дня.

2. Sie wollen Ihrem Freund sagen, dass Sie den ganzen Tag seinen neuen Roman gelesen haben.

   Весь день я ______________________ твой но́вый рома́н.

3. Sie wollen sagen, dass Ihr Freund den ganzen Abend lang diesen Artikel geschrieben hat.

   Он ______________________ э́ту статью́ весь ве́чер.

4. Sie wollen sagen, dass Sie am Sonntag um 10 Uhr aufgestanden sind.

   В воскресе́нье я ______________________ в де́сять часо́в.

5. Sie wollen fragen, ob Ihr Ehemann / Ihre Ehefrau schon seine / ihre Eltern angerufen hat.

   Ты уже́ ______________________ свои́м роди́телям?

6. Sie wollen wissen, wann Ihre Kollegen die Arbeit begonnen haben.

   Когда́ вы ______________________ рабо́ту?

9. Как сказа́ть по-ру́сски? Wie sagt man die folgenden Sätze auf Russisch?

1. Entschuldigen Sie bitte, ich habe Sie nicht verstanden.
2. Ich habe sie gestern angerufen.
3. Wann bist du zurückgekehrt? Gestern oder heute?
4. Wann habt ihr euch getroffen? Am Sonntag?
5. Wann haben Sie dieses Projekt beendet?

10. Beantworten Sie folgende Fragen.

1. Что вы де́лали вчера́ весь ве́чер?
2. Вы сде́лали дома́шнее зада́ние?
3. Обы́чно вы по́здно возвраща́етесь домо́й?
4. Вчера́ вы по́здно верну́лись домо́й?
5. Когда́ вы обы́чно встаёте?
6. Когда́ вы вста́ли сего́дня?
7. Кто обы́чно гото́вит в ва́шей семье́?
8. Вы ча́сто гото́вите?
9. Что вы пригото́вили после́дний раз?
10. Вы понима́ете, о чём мы говори́м?
11. Вы по́няли, что он / она́ сказа́л/а?
12. Где вы отдыха́ли про́шлым ле́том?
13. Вы хорошо́ отдохну́ли?
14. Вы мно́го чита́ете?
15. Что вы прочита́ли неда́вно?
16. Где вы обы́чно покупа́ете кни́ги?
17. Где вы купи́ли ваш уче́бник?
18. Вы то́же купи́ли э́тот уче́бник?

11. Ergänzen Sie die fehlenden Formen von те und все.

Nom.	те	все
Gen.		
Dat.		
Akk.	те	все
Instr.		
Präp.	(о) тех	(обо) всех

12. Как сказа́ть по-ру́сски? Sagen Sie folgende Sätze auf Russisch.

1. Es regnet den ganzen Tag.
2. Ich wünsche euch / Ihnen alles Gute.
3. Alles zu seiner Zeit.
4. Wir unterhielten uns den ganzen Abend.
5. Sie gehen mit der ganzen Familie ins Konzert.
6. Es ist für mich noch schwer, über alles auf Russisch zu schreiben.

Vierzehnter Schritt / Lektion 14

1. Как сказа́ть по-ру́сски? Wie sagt man die folgenden Sätze auf Russisch?

1. Zeigen Sie mir bitte diesen blauen Pullover.
2. Mir gefällt dieser Pullover.
3. Die Farbe steht Ihnen sehr gut.
4. Welche Größe ist es?
5. Wo kann man es anprobieren?

2. Vervollständigen Sie die Dialoge und spielen Sie diese zu zweit nach.

а.
- ● Бу́дьте добры́, ______________ (помо́чь) мне вы́брать пода́рок для моего́ дру́га.
- ◆ У нас здесь небольшо́й вы́бор. ______________ (Посмотре́ть) лу́чше что́-нибудь в отде́ле «Пода́рки».

б.
- ● ______________ (Показа́ть), пожа́луйста, чёрный пуло́вер.
- ◆ Пожа́луйста. Э́то ваш разме́р?
- ● Да, мой. Спаси́бо. Где мо́жно его́ приме́рить?
- ◆ Вон там, в конце́ за́ла, приме́рочная. ______________ (Идти́) туда́.

в.
- ● Ско́лько сто́ит э́то пла́тье?
- ◆ Сейча́с распрода́жа. На э́то пла́тье ски́дка 50 проце́нтов.
- ● Отли́чно! Я могу́ здесь заплати́ть?
- ◆ Нет, ______________ (заплати́ть), пожа́луйста, в ка́ссу.

3. Wählen Sie die richtige Antwort und üben Sie zu zweit.

1. Мо́жно откры́ть окно́? ________
2. Э́то ваш уче́бник? Мо́жно посмотре́ть? ________
3. Мо́жно вам помо́чь? ________
4. Мо́жно пригласи́ть вас в суббо́ту в теа́тр? ________
5. Како́й вку́сный сала́т! Мо́жно мне взять ещё? ________
6. Мо́жно позвони́ть с твоего́ телефо́на? ________

а. Да, коне́чно, посмотри́те.
б. Да, откро́йте. Здесь о́чень жа́рко.
в. К сожале́нию, в суббо́ту я не могу́.
г. Позвони́.
д. Да, помоги́те, пожа́луйста. Спаси́бо.
е. Пожа́луйста, возьми́те.

4. Antworten Sie mit Ja.

1. Ма́ма, мо́жно пригласи́ть к нам друзе́й в выходны́е? – Да, мо́жно, ...

2. Ба́бушка, мо́жно уже́ есть суп?

3. Па́па, мо́жно взять твою́ маши́ну?

4. Мо́жно посмотре́ть твою́ но́вую кварти́ру?

5. Как ты ду́маешь, мо́жно спроси́ть Андре́я о его́ семье́?

5. Bilden Sie Sätze in der Pluralform des Imperativs wie im Muster.

Я пло́хо слы́шу. Чита́й гро́мче. / Чита́йте гро́мче.

1. Ма́ма спит. Говори́ ти́ше. ______

2. Э́то ру́сский сала́т. Попро́буй. ______

3. Куда́ положи́ть ключ? – Положи́ его́ на стол. ______

4. Что случи́лось? Отве́ть мне! ______

5. Экза́мен че́рез час. Ты пока́ гото́вься. ______

6. Ско́ро экза́мен. Занима́йся бо́льше. ______

6. Ergänzen Sie.

1. Говори́те не так бы́стро, ... ______
2. Скажи́те мне ещё раз э́то сло́во. ... ______
3. Скажи́те, ... ______
4. Скажи́ мне, ... ______

а. ... Я не по́нял.
б. ... я ничего́ не понима́ю.
в. ... ты всё по́нял
г. ... о чём они́ так спо́рят?

7. Sagen Sie Ihrem Ansprechpartner, was man tun soll.

1. предста́виться	Предста́вьтесь, пожа́луйста!
2. подожда́ть вас в бюро́	
3. показа́ть вам докуме́нты	
4. посмотре́ть э́ти докуме́нты	
5. помо́чь вам	
6. купи́ть биле́ты	
7. позвони́ть ва́шим партнёрам	

8. Ihr russischer Freund möchte Ihre Stadt besichtigen. Was empfehlen Sie ihm?

Начни́те так:

– Что мо́жно посмотре́ть в ва́шем го́роде?
– Обяза́тельно посмотри́ …

Benutzen Sie folgende Wendungen.

Возьми́ путеводи́тель.
Не бери́ биле́т, я купи́л тебе́ проездно́й. Возьми́!
Возьми́ обяза́тельно зонт! Сего́дня бу́дет дождь.

Fünfzehnter Schritt / Lektion 15

1. Vergleichen Sie die Beispiele.

идти́
Сейча́с я иду́ в теа́тр.
Jetzt gehe ich (ich bin auf dem Wege) ins Theater.

е́хать
Сейча́с я е́ду на да́чу.
Jetzt fahre ich zur Datscha.

ходи́ть
Я ча́сто хожу́ в теа́тр.
Ich gehe oft ins Theater.

е́здить
Я ре́дко е́зжу на да́чу.
Ich fahre selten zur Datscha.

2. Nichtzielgerichtete Verben ходи́ть und е́здить. Vervollständigen Sie die Tabelle.

я	хожу́	е́зжу
ты	______	______
он / она́	______	______
мы	хо́дим	е́здим
вы	______	______
они́	хо́дят	е́здят

3. Идти́ / е́хать / ходи́ть / е́здить. Füllen Sie die Lücken aus.

– Приве́т Ми́ша! Куда́ ты идёшь?

– Я ______ в бассе́йн.

– Ты ча́сто туда́ ______?

– ______, когда́ есть вре́мя. Я живу́ недалеко́ от бассе́йна и всегда́ ______ туда́ пешко́м. А ты? Куда́ ты е́дешь на велосипе́де?

– Я ______ в шко́лу.

– У меня́ есть велосипе́д, но я ре́дко ______ на нём.

Вчера́ я **ходи́л** в теа́тр. (был в теа́тре)	Gestern bin ich ins Theater gegangen. (= im Theater gewesen)
Вчера́ я **е́здил** на да́чу. (был на да́че)	Gestern bin ich zur Datscha gefahren. (= in der Datscha gewesen)

4. Bilden Sie Sätze nach dem vorgegebenen Muster.

Я ходи́л / е́здил в бассе́йн. → Куда́?
Я был в бассе́йне. → Где?

Фра́нция	мо́ре	го́ры	музе́й	магази́н
дере́вня	о́зеро	Ве́на	кино́	Росси́я

5. Reagieren Sie auf die Aussage Ihres Gesprächspartners entsprechend dem Muster.

В воскресе́нье я ходи́л / е́здил в бассе́йн.
А я в воскресе́нье была́ на о́зере.

1. Вчера́ я ходи́ла в теа́тр. (кино́)
2. Днём мы ходи́ли по магази́нам. (музе́й)
3. Весно́й я е́здил в Ни́жний Но́вгород. (Ни́жняя А́встрия)
4. В про́шлом году́ мы е́здили на мо́ре. (го́ры)
5. Ле́том они́ е́здили в Росси́ю. (Ита́лия)

Präpositionen und Fälle

К кому́?	**У кого́?**
к + Dat.	**у** + Gen.

6. Bilden Sie Sätze nach dem vorgegebenen Muster.

В выходны́е я ходи́л / е́здил к тёте. → К кому́?
В выходны́е я был у тёти. → У кого́?

друг	ба́бушка	ро́дственники
брат	подру́га	роди́тели
профе́ссор	сестра́	друзья́

7. Schließen Sie sich der Aussage Ihres Gesprächspartners entsprechend dem Muster an.

Вчера́ я ходи́л / е́здил к дру́гу.
И я вчера́ была́ у дру́га.

1. Вчера́ ве́чером я ходи́ла к подру́ге.
2. В воскресе́нье я е́здил к ба́бушке.
3. В суббо́ту мы е́здили к ро́дственникам.
4. В выходны́е они́ ходи́ли к А́нне.

8. Präteritum der Verben ходи́ть und е́здить. Ergänzen Sie die Dialoge mit den passenden Formen der Verben.

а. **ходи́ть / е́здить**

- Алекса́ндр, я слы́шала, что ты ______________ во Владивосто́к!
- ◆ Да, ______________ туда́ по дела́м. Вчера́ как раз верну́лся отту́да.
- Говоря́т, что ты ______________ на по́езде!
- ◆ Да, ______________ на по́езде.
- Но э́то же так далеко́! Ми́нимум 7 дней в пути́!
- ◆ Зато́ как интере́сно!
- Ты ______________ там в музе́и, ви́дел каки́е-нибудь достопримеча́тельности?
- ◆ Да, коне́чно! И в музе́и ______________ , и на экску́рсии ______________ , и в мо́ре купа́лся. У меня́ от пое́здки мно́го впечатле́ний.

б. **е́здить / быть**

- Куда́ ты ______________ на зи́мних кани́кулах?
- ◆ Я ______________ в Ни́жнюю А́встрию. А где ты ______________ на зи́мних кани́кулах?
- Мы с жено́й ______________ к ро́дственникам в Но́вгород.
- ◆ Как интере́сно. Я не знал, что вы ______________ в Росси́и.
- Кста́ти, я познако́мился со свое́й жено́й в по́езде три го́да наза́д, когда́ е́хал в Росси́ю.

9. Beantworten Sie die Fragen.

Вы лю́бите ходи́ть пешко́м?
Вы ча́сто хо́дите пешко́м?
Куда́ вы ходи́ли вчера́ ве́чером?

Вы лю́бите е́здить на по́езде?
Вы ча́сто е́здите на по́езде?
Куда́ вы е́здили после́дний раз?

Как вы прово́дите выходны́е дни?

Вчера́ он ходи́л в теа́тр
Gestern ist er ins Theater gegangen.

Когда́ он шёл в теа́тр, начался́ дождь.
Als er ins Theater ging, fing es an zu regnen.

Вчера́ он е́здил на да́чу.
Gestern ist er zur Datscha gefahren.

Когда́ он е́хал на да́чу, начался́ дождь.
Als er zur Datscha fuhr, fing es an zu regnen.

10. Ergänzen Sie die Sätze.

1. Вчера́ я ходи́ла к врачу́. Когда́ я ________________ к врачу́, я встре́тила подру́гу.

2. Вчера́ мы ходи́ли в кино́. Когда́ мы ________________ в кино́, мы обсужда́ли на́шу поездку в Москву́.

3. Ле́том он е́здил в Москву́. Он познако́мился со свое́й жено́й в по́езде, когда́ он ________ в Москву́.

4. На про́шлой неде́ле мы е́здили с на́шими друзья́ми на экску́рсию. Когда́ мы ________, друзья́ интере́сно расска́зывали о го́роде.

Bilden Sie eigene Sätze.

Вчера́ я ходи́л / ходи́ла ________________. Когда́ я ________________________________

Вчера́ я е́здил / е́здила ________________. Когда́ я ________________________________

Sechzehnter Schritt / Lektion 16

Teil 1

Сего́дня я бу́ду чита́ть кни́гу.
Heute werde ich ein Buch lesen.

За́втра я бу́ду писа́ть статью́.
Morgen werde ich einen Artikel schreiben.

Я прочита́ю э́ту кни́гу в о́тпуске.
Ich werde dieses Buch im Urlaub durchlesen.

За́втра я обяза́тельно напишу́ статью́.
Morgen werde ich unbedingt den Artikel schreiben. (es wird vorliegen)

1. Ergänzen Sie die Tabelle.

я	бу́ду писа́ть	мы	бу́дем писа́ть
ты		вы	
он / она́		они́	бу́дут писа́ть

2. Notieren Sie, was Sie am Abend machen werden.

Beachten Sie, dass die unvollendeten Verben Handlungen in ihrem Verlauf bezeichnen.

– Что ты бу́дешь де́лать сего́дня ве́чером?
– Сего́дня ве́чером я бу́ду ...

Varianten:
писа́ть пи́сьма / гото́вить у́жин / де́лать убо́рку в кварти́ре / игра́ть с детьми́ / смотре́ть телеви́зор / чита́ть / отдыха́ть / ...

a. Fragen Sie sich gegenseitig wie im Muster.

– Что ты бу́дешь де́лать сего́дня ве́чером?
– Я бу́ду смотре́ть телеви́зор. А ты?
– Я бу́ду чита́ть но́вый ру́сский журна́л.

б. Schließen Sie sich der Aussage an.

Сего́дня ве́чером я бу́ду смотре́ть телеви́зор. А ты?
Я то́же бу́ду смотре́ть телеви́зор

1. В пя́тницу я бу́ду де́лать убо́рку в кварти́ре. А ты?
2. Сего́дня ве́чером ты бу́дешь чита́ть. А она́?
3. В выходны́е мы бу́дем игра́ть с детьми́. А вы?
4. В воскресе́нье вы бу́дете отдыха́ть. А они́?

3. Erzählen Sie, was Ihre Familie für das nächste Jahr plant.

В сле́дующем году́ мы обяза́тельно бу́дем ходи́ть в бассе́йн.

В сле́дующем году́ мы обяза́тельно бу́дем ...

4. Как бу́дет по-ру́сски? Notieren Sie, wie man folgende Sätze auf Russisch sagt.

1. Am Wochenende werde ich viel schlafen. ______
2. Was wirst du heute Abend machen? ______
3. Mein Bruder wird in Moskau arbeiten. ______
4. Wir werden dich oft anrufen. ______
5. Wo werden sie wohnen? ______
6. Wirst du sie heute anrufen? ______
7. Dort werden wir oft ins Theater gehen. ______

Teil 2

1. Ergänzen Sie die Tabelle.

я	напишу́	мы	напи́шем
ты		вы	
он / она́		они́	напи́шут

2. Vervollständigen Sie folgende Tabelle.

купи́ть	я куплю́	ты ку́пишь	они ку́пят
нача́ть			
откры́ть			
пое́хать			
позвони́ть			
показа́ть			
попроси́ть			
посмотре́ть			
прочита́ть			
пойти́			
спроси́ть			

3. Vervollständigen Sie die Minidialoge entsprechend dem Muster und üben Sie dann zu zweit.

Beachten Sie, dass die vollendeten Verben einmalige Handlungen, die ein Ergebnis erreichen werden, bezeichnen.

Ты уже́ написа́л/а статью́? – Нет ещё. За́втра напишу́.

1. Ты купи́л/а проду́кты? – Нет, ве́чером ______________________.

2. Они́ на́чали учи́ть ру́сский язы́к? – Нет ещё, о́сенью ______________________.

3. Вы откры́ли окно́ в аудито́рии? – Нет. По́сле уро́ка ______________________.

4. Вы уже́ е́здили в Росси́ю? – Нет ещё. Ле́том ______________________.

5. Ты позвони́л/а роди́телям? – Нет, ве́чером ______________________.

6. Он показа́л тебе́ пода́рок для А́нны? – Нет ещё. В суббо́ту ______________________.

7. Ты попроси́л/а у него́ ру́сский журна́л? – Нет ещё, за́втра ______________________.

8. Вы уже́ посмотре́ли э́тот но́вый фильм? – Нет ещё, в выходны́е ______________________.

9. Ты прочита́л/а его́ рома́н? – Нет ещё. На кани́кулах ______________________.

10. Вы уже́ ходи́ли в но́вый музе́й? – Нет ещё. В воскресе́нье ______________________.

11. Ты спроси́л/а, как называ́ется фильм? – Нет ещё, за́втра ______________________.

4. Пойти́ / пое́хать. Fragen Sie sich gegenseitig.

а. – Что ты бу́дешь де́лать сего́дня ве́чером?
– Ещё не зна́ю. Мо́жет быть, пойду́ (пое́ду) в ... (кино́, музе́й, теа́тр, цирк, зоопа́рк, ...)

б. – Что вы бу́дете де́лать в суббо́ту?
– Ещё не зна́ем. Мо́жет быть, пойдём (пое́дем) на ... (пляж, экску́рсию, да́чу, о́зеро, ...)

5. Ergänzen Sie das Verb in der richtigen Form.

1. Sie wollen sagen, dass Sie diesen Brief unbedingt schreiben werden.

   Я обязáтельно ______________________ э́то письмó.

2. Sie wollen Ihrem Freund sagen, dass Sie den ganzen Tag seinen neuen Roman lesen werden.

   Весь день я ______________________ твой нóвый ромáн.

3. Sie wollen Ihren Eltern sagen, dass Sie sie öfters aus Moskau anrufen werden.

   Я чáсто ______________________ вам из Москвы́.

4. Sie wollen Ihrem Freund sagen, dass Sie ihn am Samstag anrufen werden.

   Я ______________________ тебé в суббóту.

5. Sie wollen fragen, wann Ihr Kollege die Arbeit beginnen wird.

   Когдá ты ______________________ рабóту?

6. Как бýдет по-рýсски? Wie sagt man die folgenden Sätze auf Russisch?

Wissen Sie schon, ...

1. ... was Sie im Sommer machen werden?
2. ... wo Ihr Bruder in Moskau wohnen wird?
3. ... was Sie am Samstagabend tun werden?
4. ... wo Sie Urlaub machen werden? In Frankreich oder Österreich?
5. ... wann Sie die Arbeit beginnen werden?
6. ... wann Sie an den See fahren? Am Samstag oder am Sonntag?

Beachten Sie:

*– von **vollendeten** Verben können nur die Zeitformen des **Präteritums und Futurs** gebildet werden;*
*– von **unvollendeten** Verben kann man **alle Zeitformen** bilden.*

1. Sehen Sie sich folgende Tabelle an.

	unvollendetes Verb	**vollendetes** Verb
Präteritum	Вчера́ я **чита́л** э́ту кни́гу.	Я **прочита́л** э́ту кни́гу за 2 дня.
Präsens	Я **чита́ю** кни́гу.	✕
Futur	За́втра я **бу́ду чита́ть** э́ту кни́гу.	Я обяза́тельно **прочита́ю** э́ту кни́гу.

2. Писа́ть / написа́ть. Vervollständigen Sie die Tabelle.

	unvollendetes Verb	**vollendetes** Verb
Präteritum	Вчера́ я ______________ статью́.	Я ____________ э́ту статью́ за 2 дня.
Präsens	Я пишу́ статью́.	
Futur	За́втра я ______________ статью́.	Я обяза́тельно ____________ статью́.

3. Bilden Sie Sätze mit den unvollendeten Verben писа́ть, говори́ть, понима́ть, wie im Muster.

Ра́ньше я пло́хо **чита́л** по-ру́сски.
Сейча́с я уже́ немно́го **чита́ю** по-ру́сски.
Я **бу́ду** хорошо́ **чита́ть** по-ру́сски.

4. Bilden Sie Sätze mit den vollendeten Verben купи́ть, посмотре́ть, позвони́ть wie im Muster.

Я **прочита́л** э́тот журна́л вчера́.
Я **прочита́ю** э́тот журна́л за́втра.

5. Beantworten Sie die Fragen.

Где вы обы́чно отдыха́ете?
Вам нра́вится отдыха́ть в гора́х и́ли на мо́ре?
Как вы обы́чно прово́дите кани́кулы / о́тпуск?
Кто реша́ет в ва́шей семье́, где провести́ о́тпуск?
Вы уже́ реши́ли, где проведёте сле́дующий о́тпуск?

6. Wiederholung. Lesen Sie den Text. Vervollständigen Sie die Sätze.

Леге́нда о сме́рти князя́ Оле́га.

Князь Оле́г пра́вил в Ки́еве 33 го́да. Он жил в ми́ре со все́ми стра́нами. Одна́жды Оле́г ________________ (спра́шивать / спроси́ть) у предсказа́телей, от чего́ он умрёт.

– Князь, от коня́ твоего́ люби́мого, на кото́ром ты сейча́с е́здишь, от него́ ты умрёшь, – ________________ (отвеча́ть / отве́тить) предсказа́тели.

Запо́мнил э́ти слова́ князь Оле́г и ________________ (говори́ть / сказа́ть): «Никогда́ не ся́ду на него́ и не уви́жу его́ бо́льше».
Прошло́ не́сколько лет. По́сле войны́ с гре́ками Оле́г ________________ (возвраща́ться / верну́ться) в Ки́ев. И вдруг он ________________ (вспомина́ть / вспо́мнить) о своём коне́.
– Где мой конь? – ________________ (спра́шивать / спроси́ть) он у слуг.
– У́мер, – отве́тили они́.
– ____________ (Обма́нывать / Обману́ть) меня́ когда́-то: конь у́мер, а я жив, – сказа́л Оле́г.

Он реши́л пое́хать на то ме́сто, где лежа́л его́ конь. Там он до́лго стоя́л и смотре́л на ко́сти и че́реп коня́, кото́рого когда́-то о́чень люби́л. Из че́репа вы́ползла змея́ и укуси́ла князя́. Оле́г ________________ (па́дать / упа́сть) и… у́мер.

а. Setzen Sie die Sätze fort.

Князь Оле́г пра́вил в Ки́еве ____

Он жил в ми́ре ____

Одна́жды Оле́г спроси́л у предсказа́телей, ____

От коня́ твоего́ люби́мого, от него́ ____

Запо́мнил э́ти слова́ князь Оле́г и сказа́л: «Никогда́ не ____

____

По́сле войны́ с гре́ками Оле́г ____

Он реши́л пое́хать на то ме́сто, ____

Из че́репа вы́ползла змея́ и ____

Оле́г упа́л и ____

б. Erzählen Sie den Text mit eigenen Worten nach.

Siebzehnter Schritt / Lektion 17

1. Как сказа́ть по-неме́цки? Übersetzen Sie folgende Sätze ins Deutsche.

1. Мне нужна́ ви́за.
2. Нам не нужна́ но́вая маши́на.
3. Э́той фи́рме ну́жен хоро́ший юри́ст.
4. Что вам ну́жно?
5. Им нужны́ э́ти докуме́нты.

2. Ну́жен, нужна́, нужны́. Füllen Sie die Lücken aus.

1. Мне _______________ э́тот стол.
2. Тебе́ _______________ э́ти сту́лья.
3. Нам не _______________ э́та ла́мпа.
4. Вам _______________ э́ти пробле́мы?

3. Sie ziehen in eine neue Wohnung. Sie sind im Geschäft und überlegen sich, was Sie brauchen. Bilden Sie Sätze wie im Beispiel.

Стол → Мне ну́жен э́тот стол. Он тако́й удо́бный.
Мне не ну́жен э́тот стол. Он сли́шком большо́й

холоди́льник • шкаф • телеви́зор • цветы́ • дива́н • сту́лья • ла́мпа • па́льма • ва́за

4. Как сказа́ть по-неме́цки? Übersetzen Sie folgende Sätze ins Deutsche.

1. Мне ну́жен был твой сове́т.
2. Мне не нужна́ была́ маши́на.
3. Мне ну́жно бы́ло э́то письмо́.
4. Мне нужны́ бы́ли э́ти докуме́нты.

5. Stellen Sie sich vor, dass Sie im August in Sankt Petersburg waren. Was brauchten Sie für diese Reise (nicht)?

Предста́вьте, что вы бы́ли в а́вгусте в Санкт-Петербу́рге. Что вам ну́жно / не ну́жно бы́ло в э́той пое́здке.

Начни́те так.

Мне не нужны́ бы́ли купа́льник и шо́рты, потому́ что бы́ло о́чень хо́лодно.
Мне нужны́ бы́ли тёплые ве́щи.

Мне ну́жен был ...
Мне нужна́ была́ ...
Мне ну́жно бы́ло ...
Мне нужны́ бы́ли ...

Varianten:

ку́ртка • пальто́ • шарф • бере́т • шля́па • ша́почка • зонт • пуло́вер • пла́вки • джи́нсы

6. Как сказа́ть по-неме́цки? Übersetzen Sie folgende Sätze ins Deutsche.

1. Мне ну́жен бу́дет твой сове́т.
2. Мне не нужна́ бу́дет маши́на.
3. Мне ну́жно бу́дет э́то письмо́.
4. Мне нужны́ бу́дут э́ти докуме́нты.

7. Stellen Sie sich vor, dass Sie im Juli nach Sotschi fahren. Was werden Sie für diese Reise (nicht) brauchen?

Предста́вьте, что вы е́дете в ию́ле в Со́чи. В э́то вре́мя там жа́рко. Что вам ну́жно / не ну́жно бу́дет в э́той пое́здке.

Мне ну́жен бу́дет там ...
Мне нужна́ бу́дет ...
Мне не ну́жно бу́дет ...
Мне нужны́ бу́дут ...

8. Notieren Sie, wie man folgende Sätze auf Russisch sagt.

а. 1. Ich brauche deinen Rat. ____________________

2. Ich brauche das Auto nicht. ____________________

3. Ich brauche diesen Brief. ____________________

4. Ich brauche diese Dokumente. ____________________

б. 1. Ich brauchte deinen Rat. ____________________

2. Ich brauchte das Auto nicht. ____________________

3. Ich brauchte diesen Brief. ____________________

4. Ich brauchte diese Dokumente. ____________________

в. 1. Ich werde deinen Rat brauchen. ____________________

2. Ich werde das Auto nicht brauchen. ____________________

3. Ich werde diesen Brief brauchen. ____________________

4. Ich werde diese Dokumente brauchen. ____________________

9. Себя́. Vervollständigen Sie die Tabelle.

Nom.	Gen.	Dat.	Akk.	Instr.	Präp.
______	себя́	______	себя́	______	______

10. Как сказа́ть по-ру́сски? Sagen Sie folgende Sätze auf Russisch.

1. Wie fühlst du dich?
2. Ich fühle mich gut.
3. Er fühlt sich schlecht.

11. Расскажи́те немно́го о себе́. Beantworten Sie die Fragen.

Вы лю́бите принима́ть госте́й у себя́ до́ма?
Вы ча́сто приглаша́ете к себе́ домо́й госте́й?
Вы лю́бите ходи́ть в го́сти?
У вас есть ру́сские знако́мые?
Вы бы́ли у них в гостя́х?
На како́м языке́ вы с ни́ми разгова́ривали?

Achtzehnter Schritt / Lektion 18

Teil 1

1. Lesen Sie die folgenden Telefongespräche mit verteilten Rollen.

а. ● До́брый день! Э́то Виктор. Мо́жно Ли́зу к телефо́ну?

◆ К сожале́нию, её нет. Что ей переда́ть?

● Переда́йте, пожа́луйста, что звони́л Ви́ктор. И что я перезвоню́ за́втра. Спаси́бо.

◆ Не́ за что. Всего́ доброго́.

б. ● Здра́вствуйте! Э́то А́нна. Алекса́ндр до́ма? Могу́ я с ним поговори́ть?

◆ Алекса́ндра нет. Что ему́ переда́ть?

● Я перезвоню́ ему́ ве́чером.

◆ Ве́чером его́ то́же не бу́дет. Позвони́те ему́ на рабо́ту.

● Хорошо́, спаси́бо. Попро́бую позвони́ть на рабо́ту. До свида́ния.

◆ До свида́ния.

2. Beantworten Sie die Fragen verneinend wie im Muster.

Анна до́ма? Могу́ я с ней поговори́ть?
Её сейча́с нет.

1. До́брый день! Мо́жно Алекса́ндра к телефо́ну?

____

2. Я́ков Андре́евич, ваш внук сейча́с до́ма? Мо́жно с ним поговори́ть?

____

3. Здра́вствуйте! Э́то А́нна. Мо́жно Ли́зу к телефо́ну?

____

4. Где твои́ роди́тели? Они́ до́ма? Могу́ я с ни́ми поговори́ть?

____

3. Как сказа́ть по-ру́сски? Sagen Sie folgende Sätze auf Russisch.

1. Guten Tag. Hier spricht ... (Ihr Name).
2. Ist Anna zu Hause?
3. Sie ist nicht zu Hause.
4. Haben Sie Ihre Handynummer?
5. Danke. Alles gute!

4. Telefongespräch. Spielen Sie mit verteilten Rollen.

До́брое у́тро.
До́брый день.
До́брый ве́чер.
Здра́вствуйте.
Э́то ...

Я могу́ поговори́ть с ... ?
Мо́жно к телефо́ну ... ?
Мо́жно попроси́ть ... к телефо́ну?

Переда́йте, пожа́луйста, что ...
Я перезвоню́ за́втра.

Вы не туда́ попа́ли.
К сожале́нию, его́ / её нет сейча́с до́ма.
Он / она́ сейча́с за́нят / занята́.
Что ему́ / ей переда́ть?

↓

Спаси́бо.
До свида́ния.
Всего́ хоро́шего!
Я переда́м, что вы звони́ли.

1. Fügen Sie die passenden Wörter ein und lesen Sie dann den Dialog mit verteilten Rollen.

грипп • температу́ра • на́сморк • боле́л • здоро́вьем

- ● Ви́ктор, ты пло́хо вы́глядишь. Что случи́лось?
- ◆ Я _______________ две неде́ли. У меня́ был _______________. Голова́ ужа́сно боле́ла, был си́льный _______________, ка́шель, была́ высо́кая _______________. Неде́лю лежа́л в посте́ли и ещё неде́лю была́ така́я сла́бость, что не мог ходи́ть.
- ● А ты был у врача́?
- ◆ Да, я ходи́л к нему́ в са́мом нача́ле боле́зни.
- ● Сейча́с всё норма́льно со _______________? Как ты себя́ чу́вствуешь?
- ◆ Пло́хо, поэ́тому меня́ не бу́дет на твоём ве́чере, Ли́за.

2. Как сказа́ть по-ру́сски? Sagen Sie folgende Sätze auf Russisch.

1. Mir geht es schlecht. / Mir ging es schlecht.

2. Ich habe eine Erkältung.

3. Ich habe Schnupfen und Kopfschmerzen.

4. (Mein) Hals tut weh.

5. Ich habe Grippe. / Ich hatte Grippe.

6. Ich war 2 Wochen krank.

7. Warst du beim Arzt?

8. Ich möchte am Nachmittag zum Arzt gehen.

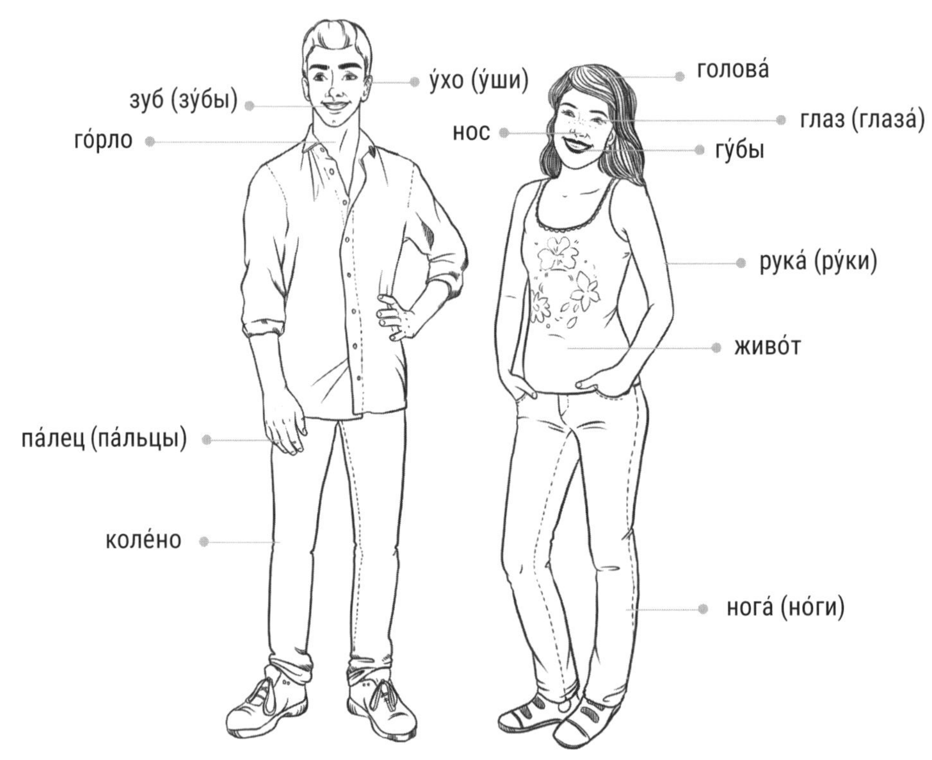

3. Bilden Sie Minidialoge und üben Sie dann zu zweit.

Как вы себя́ чу́вствуете? Как ты себя́ чу́вствуешь?	→	Я чу́вствую себя́ ... прекра́сно / хорошо́ / нева́жно / пло́хо, ...
Что с ва́ми? / Что случи́лось? / Что с тобо́й?	→	У меня́ боли́т ... (голова́, го́рло, у́хо, рука́, живо́т, се́рдце, коле́но, ...)
Почему́ вас / тебя́ не́ было на ле́кциях / на рабо́те?	→	Я боле́л / боле́ла. У меня́ был грипп. Был си́льный на́сморк, ка́шель, была́ высо́кая температу́ра, сла́бость, ...
Ты ходи́л / ходи́ла к врачу́? Ты был / была́ у врача́?	→	Да, я ходи́л/а к врачу́. / Да, я был/а́ у врача́.
Что сказа́л врач?	→	Врач сказа́л, что я до́лжен / должна́ лежа́ть.

1. Как сказа́ть по-ру́сски? Sagen Sie folgende Sätze auf Russisch.

1. Dort gibt es ein gutes Restaurant.
2. Gibt es hier in der Nähe eine Apotheke?
3. In unserer Stadt gibt es zwei Universitäten.
4. Auf dem Tisch gibt es keine Zeitschrift.
5. Hier gibt es ein Schwimmbad, aber kein Stadion.

2. Fragen Sie einander.

– В ва́шем райо́не есть банк?
– Да, есть. / Нет, в на́шем райо́не **нет** ба́нк**а**.

1. На ва́шей у́лице есть большо́й суперма́ркет?
2. В э́том музе́е есть кафе́?
3. Ря́дом с твои́м до́мом есть апте́ка?
4. В твоём го́роде есть метро́?
5. В ва́шем до́ме есть лифт?
6. Там есть о́зеро и́ли река́?

3. Ergänzen Sie.

В на́шем го́роде мно́го ...

ую́тные кафе́ и рестора́ны
больши́е суперма́ркеты
музе́и и теа́тры
краси́вые у́лицы и па́рки

4. Ergänzen Sie.

В на́шем райо́не никогда́ не́ было и не бу́дет ...

парк
теа́тр
большо́й суперма́ркет
бассе́йн
о́зеро
библиоте́ка
музе́и и теа́тры
рестора́ны

5. Wiederholung. Lesen Sie den Text und vervollständigen Sie die Sätze.

Макси́м лежа́л на дива́не и ду́мал: «У меня́ абсолю́тно нет хара́ктера. Жизнь моя́ идёт и идёт, а я ничего́ не ________________ (де́лать / сде́лать). У меня́ нет ни мечты́, ни це́ли в жи́зни. Я чита́л, что Мо́царт в три го́да писа́л му́зыку, Пу́шкин в пять лет писа́л стихи́ по-францу́зски. А я? Я письмо́ де́душке по-ру́сски ____________ (писа́ть / написа́ть) де́сять дней. И я не зна́ю, когда́ роди́лся Пу́шкин, а когда́ у́мер Мо́царт.

Нет! Так жить нельзя́. Начина́ю но́вую жизнь. Како́й у нас за́втра день? Пя́тница? Нет, в пя́тницу начина́ть но́вую жизнь нехорошо́. На́до э́то де́лать в понеде́льник.»

Макси́м взял бума́гу, ру́чку и ______________ (писа́ть / написа́ть):

План № 1

1. Нача́ть но́вую жизнь в понеде́льник.
2. У́тром в 6 часо́в 15 мину́т де́лать гимна́стику.
3. Занима́ться спо́ртом 2 часа́ ка́ждую неде́лю.
4. Нача́ть учи́ть францу́зский и англи́йский языки́.
5. Нача́ть занима́ться му́зыкой.
6. Писа́ть пи́сьма де́душке: одно́ письмо́ в неде́лю.
7. Узна́ть, когда́ роди́лся Пу́шкин и у́мер Мо́царт.

В понеде́льник Макси́м не __________________ (начина́ть / нача́ть) но́вую жизнь. Пра́вда, он ________________ (встава́ть / встать) в 6 часо́в 15 мину́т и хоте́л нача́ть но́вую жизнь по пла́ну. По пла́ну! А где же план?

На столе́ его́ не́ было. Не́ было пла́на и на дива́не. И в су́мке его́ то́же не́ было.

– Ничего́, – сказа́л Макси́м, – тру́дности то́лько укрепля́ют хара́ктер. Он ________________ (брать / взять) но́вую бума́гу и реши́тельно ______________ (писа́ть / написа́ть):

План № 2

1. Найти́ план № 1.
2. Нача́ть но́вую жизнь. В сле́дующий понеде́льник.

a. Не так. Was ist richtig?

1. У Макси́ма си́льный хара́ктер.
2. Он образо́ванный па́рень.
3. Макси́м плани́рует свою́ жизнь.
4. План всегда́ лежи́т пе́ред ним на его́ рабо́чем столе́.
5. Макси́м на́чал но́вую жизнь в понеде́льник.
6. У него́ есть мечта́ и цель в жи́зни.

А у вас есть цель в жи́зни?

б. Setzen Sie die fehlenden Präpositionen ein.

1. Макси́м лежа́л ________ дива́не.

2. ________ меня́ нет ни мечты́, ни це́ли ________ жи́зни.

3. Мо́царт ________ три го́да писа́л му́зыку, Пу́шкин ________ пять лет писа́л стихи́.

4. Нача́ть но́вую жизнь ________ понеде́льник.

5. У́тром ________ 6 часо́в 15 мину́т де́лать гимна́стику

в. Erzählen Sie den Text mit eigenen Worten nach und schreiben Sie ihn auf.

Neunzehnter Schritt / Lektion 19

на́до, ну́жно; мо́жно / нельзя́ + Infinitiv

1. Ergänzen Sie die fehlenden Wörter.

1. ________ на́до позвони́ть роди́телям.	я
2. ________ ну́жно купи́ть слова́рь.	ты
3. ________ на́до поговори́ть с преподава́телем.	она́
4. ________ нельзя́ кури́ть.	он
5. ________ ну́жно бо́льше гуля́ть на све́жем во́здухе.	мы
6. ________ нельзя́ пить э́то лека́рство.	вы
7. ________ мо́жно занима́ться спо́ртом здесь.	они́
8. ________ на́до занима́ться спо́ртом.	Анто́н и На́дя

2. Тебе́ / вам (не) ну́жно ... Was soll man auf Russisch sagen, wenn man jemandem empfiehlt, ...

1. ... mehr zu lesen.
2. ... nicht dorthin zu gehen.
3. ... den Arzt anzurufen.
4. ... eine Karte kaufen.
5. ... mit den Eltern zu sprechen.
6. ... nicht diese Arznei zu nehmen.

3. Ну́жно / нельзя́. Что де́лать для хоро́шего здоро́вья. Sprechen Sie über Gesundheit.

а. Для хоро́шего здоро́вья

ну́жно:

– ка́ждый день гуля́ть на све́жем во́здухе;
– занима́ться спо́ртом;
– есть о́вощи и фру́кты;
– ложи́ться спать не о́чень по́здно;
– бо́льше отдыха́ть;
– ...

нельзя́:

– кури́ть;
– пить алкого́ль;
– пить сли́шком мно́го ко́фе;
– по́здно ложи́ться спать;
– всё вре́мя сиде́ть в интерне́те;
– ...

б. Что вы де́лаете для хоро́шего здоро́вья?

4. Ersetzen Sie das Präsens durch das Präteritum.

1. Нельзя́ пить э́то лека́рство. / Мне нельзя́ пить э́то лека́рство.

2. Ну́жно позвони́ть врачу́. / Тебе́ ну́жно позвони́ть врачу́.

3. Ну́жно поговори́ть с Ли́зой. / Ви́ктору ну́жно поговори́ть с Ли́зой.

4. Здесь мо́жно пить то́лько чай. / Ей мо́жно пить то́лько чай.

5. Ну́жно бо́льше чита́ть. / Нам ну́жно бо́льше чита́ть.

6. Не ну́жно идти́ туда́. / Вам не ну́жно идти́ туда́.

7. Не ну́жно расска́зывать об э́том всем. / Им не ну́жно расска́зывать об э́том всем.

5. Как сказа́ть по-ру́сски? Sagen Sie folgende Sätze auf Russisch.

1. Ich musste die Karte früher kaufen.
2. Du musstest mit den Eltern sprechen.
3. Ihr musstet nicht dorthin gehen.
4. Sie mussten den Arzt anrufen.
5. Er durfte nicht darüber sprechen.
6. Du durftest nicht diese Arznei nehmen.
7. Endlich durften wir es sagen.
8. Lisa durfte nur Tee trinken.

6. Wiederholung. Lesen Sie den Text. Vervollständigen Sie die Sätze.

● Ты всегда́ прислу́шиваешься к чужо́му мне́нию?

◆ Э́то зави́сит от того́, кто говори́т. И о чём говори́т. Я слу́шаю чужо́е мне́ние, но вы́воды _______________ (де́лать / сде́лать) свои́. А ты?

● У меня́ всегда́ есть своё мне́ние обо всём. Прочита́й, что об э́том говори́л Сокра́т.

Оди́н челове́к _______________ (спра́шивать / спроси́ть) у Сокра́та:
– Зна́ешь, что мне _______________ (говори́ть / сказа́ть) о тебе́ твой друг?
– Подожди́, – останови́л его́ Сокра́т, – дава́й снача́ла просе́ем то, что ты собира́ешься сказа́ть мне, че́рез три си́та.
– Три си́та?
– Пре́жде чем что́-нибудь говори́ть, ну́жно э́то три́жды просе́ять. Снача́ла че́рез си́то пра́вды. Ты уве́рен, что э́то пра́вда?
– Нет, я про́сто слы́шал э́то.
– Зна́чит, ты не зна́ешь, э́то пра́вда и́ли нет. Тогда́ просе́ем че́рез второ́е си́то – си́то доброты́. Ты хо́чешь _______________ (говори́ть / сказа́ть) о моём дру́ге что́-то хоро́шее?
– Нет, наоборо́т, что́-то плохо́е.
– Зна́чит, – _______________ (продолжа́ть / продо́лжить) Сокра́т, – ты собира́ешься сказа́ть о нём что́-то плохо́е, но да́же не уве́рен в том, что э́то пра́вда. Попро́буй тре́тье си́то – си́то по́льзы. Ты уве́рен, что мне о́чень ну́жно услы́шать то, что ты хо́чешь _______________ (расска́зывать / рассказа́ть)?
– Нет, в э́том нет нужды́.
– Ита́к, – _______________ (зака́нчивать / зако́нчить) Сокра́т, – в том, что ты хо́чешь сказа́ть, нет ни пра́вды, ни доброты́, ни по́льзы. Заче́м тогда́ говори́ть?

а. Finden Sie im Text folgende Sätze. Setzen Sie diese fort.

1. Ты всегда́ прислу́шиваешься _______________
2. Э́то зави́сит от того́, _______________
3. Зна́ешь, что мне сказа́л _______________
4. Ты уве́рен, что э́то _______________
5. Ты уве́рен, что мне о́чень ну́жно услы́шать то, _______________

б. Setzen Sie die fehlenden Präpositionen ein.

1. Ты всегда́ прислу́шиваешься _______ чужо́му мне́нию?
2. Э́то зави́сит _______ того́, кто говори́т. И _______ чём говори́т.
3. Прочита́й, что _______ э́том говори́л Сокра́т.
4. Оди́н челове́к спроси́л _______ Сокра́та: – Зна́ешь, что мне сказа́л _______ тебе́ твой друг?
5. Ты хо́чешь сказа́ть _______ моём дру́ге что́-то хоро́шее?
6. _______ том, что ты хо́чешь сказа́ть, нет ни пра́вды, ни доброты́, ни по́льзы.

в. Erzählen Sie den Text mit eigenen Worten nach und schreiben Sie ihn auf.

Zwanzigster Schritt / Lektion 20

Teil 1

Мы ча́сто **хо́дим** в теа́тр — Wir gehen oft ins Theater.

1. Das Verb ходи́ть. Ergänzen Sie die fehlenden Wörter.

я	______	мы	хо́дим
ты	______	вы	______
он / она́	______	они́	______

Durch das **Präfix** bekommt das Verb ходи́ть eine **veränderte Bedeutung.**

Präfix + ходи́ть:
в + ходи́ть > **в**ходи́ть (eintreten, hineingehen)

2. Konjugieren Sie das Verb входи́ть nach dem Muster des Verbs ходи́ть.

я	______	мы	вхо́дим
ты	______	вы	______
он / она́	______	они́	______

3. Übersetzen und konjugieren Sie die folgenden präfigierten unvollendeten Bewegungsverben nach dem Muster des Verbs входи́ть.

выходи́ть **при**ходи́ть **у**ходи́ть **под**ходи́ть **за**ходи́ть

______ ______ ______ ______ ______

4. Ergänzen Sie die Sätze mit den passenden Formen folgender Bewegungsverben.

входи́ть

1. Сюда́ нельзя́ ______ : в аудито́рии идёт экза́мен.
2. Я ви́жу из окна́, как она́ ______ в дом.
3. Мы ______ , а они́ там.

выходи́ть 1. Подожди́ меня́ на остано́вке. Я уже́ ______________.

2. Ви́ктор всегда́ ______________ из до́ма в 8 часо́в.

3. Мы ______________ на сле́дующей остано́вке.

приходи́ть 1. Я ча́сто ______________ в библиоте́ку у́тром.

2. Ты всегда́ ______________ сли́шком по́здно!

3. Когда́ вы обы́чно ______________ домо́й?

уходи́ть 1. Я ра́но ______________ из до́ма.

2. По́езд ______________ че́рез час.

3. Обы́чно мы ______________ с рабо́ты в 6 часо́в ве́чера.

подходи́ть 1. К нему́ опа́сно бли́зко ______________.

2. Дава́й быстре́й! По́езд уже́ ______________.

3. Я ______________ к до́му и ви́жу, что дверь в до́ме откры́та.

заходи́ть 1. По пути́ домо́й я всегда́ ______________ в э́тот магази́н.

2. Он ______________ сюда́, но о́чень ре́дко.

3. Они́ ______________ ко мне иногда́.

5. Ergänzen Sie.

1. Дава́й быстре́е, ... ____
2. Подожди́ меня́, ... ____
3. Уходи́ть всегда́ ле́гче, ... ____
4. Мы позвони́м, ... ____

а. ... я уже́ выхожу́.
б. ... по́езд ухо́дит че́рез полчаса́.
в. ... когда́ бу́дем подходи́ть к ва́шему до́му.
г. ... чем остава́ться.

6. Bilden Sie mit jedem der folgenden Verben einen Satz.

входи́ть • выходи́ть • приходи́ть • уходи́ть • подходи́ть • заходи́ть

Мы ча́сто **е́здим** на да́чу. Wir fahren oft zur Datscha.

1. Das Verb е́здить. Ergänzen Sie die fehlenden Wörter.

я ____________ мы е́здим

ты ____________ вы ____________

он / она́ ____________ они́ ____________

Die präfigierten Formen werden mit **–езжа́ть** gebildet.

Мы ча́сто **приезжа́ем** в Берли́н. Wir kommen oft nach Berlin.

За́втра мы **уезжа́ем** наза́д. Morgen fahren wir zurück.

2. Konjugieren Sie die zwei folgenden präfigierten unvollendeten Bewegungsverben.

	приезжа́ть	**уезжа́ть**
я	____________	____________
ты	____________	____________
он, она́	____________	____________
мы	приезжа́ем	уезжа́ем
вы	____________	____________
они́	____________	____________

3. Ergänzen Sie die Sätze mit den passenden Formen folgender Bewegungsverben.

приезжа́ть

1. Ка́ждое ле́то я ____________ сюда́.
2. Ве́ра ____________ к нам ка́ждый год.
3. Когда́ вы ____________?

уезжа́ть

1. Он ____________ на рабо́ту в Москву́.
2. Ле́том мы ча́сто ____________ в Крым.
3. Они́ ка́ждое ле́то ____________ туда́.

4. Bilden Sie mit den Verben приезжа́ть / уезжа́ть Sätze.

Teil 3

Verben der Fortbewegung mit **Präfixen** bilden **Aspektpaare**:

unvollendete Verben von **ходи́ть** / **ёздить**

vollendete Verben von **идти́** / **ёхать**

1. Sehen Sie sich die folgende Tabelle an. Merken Sie sich die Formen der vollendeten präfigierten Verben.

präfigierte Verben der Fortbewegung		**deutsche Bedeutung**
unvollendet	**vollendet**	
(ходи́ть)	(идти́)	
входи́ть	**войти́**	eintreten, hineingehen
выходи́ть	**вы́йти**	hinausgehen
приходи́ть	**прийти́**	(her-/hin-) kommen
уходи́ть	**уйти́**	weggehen
подходи́ть	**подойти́**	herankommen, herantreten
заходи́ть	**зайти́**	vorbeikommen, einen kurzen Abstecher machen
(ёздить > –езжа́ть)	(ёхать)	
приезжа́ть	**приёхать**	(an-)kommen
уезжа́ть	**уёхать**	wegfahren

2. Schreiben Sie in der folgenden Tabelle die Formen der vollendeten Verben.

unvollendet	**vollendet**	**deutsche Bedeutung**
входи́ть	войти́	eintreten, hineingehen
выходи́ть		
приходи́ть		
уходи́ть		
подходи́ть		
заходи́ть		
приезжа́ть		
уезжа́ть		

3. Lesen Sie die zwei folgenden Texte und setzen Sie die Präpositionen ein.

на • с • ме́жду • в • без • для • к • за • у

Немно́го о ру́сских лю́дях и жи́зни в Росси́и

Ру́сские – о́чень общи́тельные лю́ди. ______ ни́ми везде́ легко́ и про́сто мо́жет заговори́ть любо́й челове́к.

На вопро́с «как дела́» ваш ру́сский знако́мый, вероя́тнее всего́, подро́бно расска́жет, как действи́тельно иду́т дела́, что но́вого ______ жи́зни, каки́е пробле́мы в семье́ и ______ рабо́те.

В вы́боре ________ ра́зумом и чу́вством ру́сский челове́к вы́берет чу́вство: и́скренность и душе́вность.

Ру́сские ре́дко улыба́ются. Улыба́ться ______ причи́ны, по мне́нию ру́сских, глу́по. Ру́сская улы́бка – э́то не ве́жливость, э́то знак ли́чной симпа́тии и выраже́ние хоро́шего настрое́ния.

Ру́сские лю́бят ходи́ть ______ го́сти и принима́ть госте́й ______ себя́.

______ Росси́и го́сти прихо́дят ______ ма́леньким пода́рком. Э́то мо́жет быть вино́, шампа́нское, конфе́ты. Мо́жно принести́ цветы́ ______ хозя́йки. По тради́ции да́рят нечётное коли́чество цвето́в.

Вы прихо́дите ______ го́сти, хозя́ева открыва́ют дверь. Вы протя́гиваете ру́ку для приве́тствия, а они́ с улы́бкой говоря́т: – Нет, нет, че́рез поро́г нельзя́. Снача́ла вы должны́ войти́ ______ дом и то́лько пото́м поздоро́ваться. Нельзя́ здоро́ваться и проща́ться че́рез поро́г.

Ру́сские лю́бят говори́ть то́сты ______ столо́м.

Оди́н челове́к приезжа́ет _______ го́сти _______ своему́ дру́гу. Снача́ла друг о́чень дово́лен. Но вре́мя идёт, а гость не собира́ется уезжа́ть. Наконе́ц хозя́ин спра́шивает:

- Ты не ду́маешь, что твоя́ семья́ скуча́ет _______ тебя́?
- Ты прав, – отвеча́ет тот. – Я за́втра напишу́ им, что они́ то́же мо́гут прие́хать.

4. Finden Sie in den zwei Texten oben die folgenden Sätze. Füllen Sie die Lücken aus.

1. Ру́сские лю́бят _______________ го́сти.
2. В Росси́и го́сти _______________ с ма́леньким пода́рком.
3. Снача́ла вы должны́ _______________ в дом и то́лько пото́м поздоро́ваться.
4. Оди́н челове́к _______________ в го́сти к своему́ дру́гу.
5. Я за́втра напишу́ им, что они́ то́же мо́гут _______________.

5. Nennen Sie die Infinitivformen der präfigierten Bewegungsverben aus diesen Texten und schreiben Sie diese in die richtige Spalte der Tabelle. Fügen Sie den entsprechenden Aspektpartner hinzu.

unvollendeter Aspekt	**vollendeter Aspekt**
приходи́ть	прийти́

1. Das Präteritum von Verben идти́ / е́хать. Vervollständigen Sie die Tabelle.

	идти́	**е́хать**
Maskulinum	**шёл**	е́ха**л**
Femininum		
Neutrum		
Plural		

2. Vervollständigen Sie in der folgenden Tabelle die Formen der präfigierten Bewegungsverben im Präteritum.

vollendeter Aspekt		Beispiel
Präsens	**Präteritum**	
войти́	**вошёл, вошла́, вошло́, вошли́**	Он бы́стро вошёл в дом.
вы́йти	вы́шел,	Мы вы́шли из до́ма ра́но у́тром.
прийти́	пришёл,	Вчера́ я по́здно пришла́ домо́й.
уйти́	ушёл,	Он ушёл с рабо́ты в 7 часо́в.
подойти́	подошёл,	Она́ ме́дленно подошла́ ко мне.
зайти́	зашёл,	Я зашёл к тебе́ на мину́тку.
прие́хать	прие́хал,	Мы прие́хали из Москвы́.
уе́хать	уе́хал	Они́ уе́хали в о́тпуск вчера́.

Präfixe + Präpositionen

Куда́?	**Отку́да?**
в + Akk.	**из** + Gen.
на + Akk.	**с** + Gen.
к + Dat.	**от** + Gen.

3. Lesen Sie die folgenden Beispiele.

Они́ прие́хали **в** Ве́ну / **из** Ве́н**ы**.
Sie waren in Wien angekommen / aus Wien gekommen.

Он ушёл **на** рабо́т**у** / **с** рабо́т**ы**.
Er ist zur Arbeit gegangen / von der Arbeit weggegangen.

Я прие́хал **к** роди́тел**ям** / **от** роди́тел**ей**.
Ich bin zu den Eltern / von den Eltern gekommen.

4. Куда́? Отку́да? Stellen Sie die entsprechenden Fragen.

1. Он бы́стро вошёл в дом. Куда́?
2. Он бы́стро вы́шел из до́ма. ________
3. Он ушёл на рабо́ту в 7 часо́в. ________
4. Он ушёл с рабо́ты в 7 часо́в. ________
4. Я прие́хал к роди́телям ве́чером. ________
5. Я уе́хал от роди́телей ве́чером. ________

5. Setzen Sie die fehlenden Präpositionen ein.

1. Они́ бы́стро вошли́ _____ дом.
2. Мы вы́шли́ _____ до́ма ра́но у́тром.
3. Он пришёл _____ рабо́ту в 8 часо́в.
4. Сего́дня он ра́но ушёл _____ рабо́ты.
5. Она́ ме́дленно подошла́ _____ мне.
6. Я зашёл _____ тебе́ на мину́тку.
7. Я прие́хал _____ Москвы́.
8. Они́ уе́хали́ _____ о́тпуск вчера́.

час наза́д / два дня наза́д / неде́лю наза́д / ме́сяц наза́д
vor einer Stunde / vor zwei Tagen / vor einer Woche / vor einem Monat

6. Schließen Sie sich der Aussage an wie im Muster.

Я пришёл с рабо́ты час наза́д.

Я то́же пришёл с рабо́ты час наза́д.

1. Он прие́хал из Росси́и ме́сяц наза́д.
2. Мы прие́хали из Берли́на неде́лю наза́д.
3. Они́ прие́хали из Москвы́ 2 дня наза́д.
4. Мы пришли́ сюда́ два часа́ наза́д.

7. Beantworten Sie die Fragen.

Когда́ вы обы́чно ухо́дите из до́ма?

Во ско́лько вы сего́дня ушли́ из до́ма?

Когда́ вы обы́чно прихо́дите домо́й?

Во ско́лько вы вчера́ пришли́ домо́й?

(В час / в два, три, четы́ре часа́ / в шесть / семь / во́семь, ... часо́в)

8. Setzen Sie die fehlenden Bewegungsverben ein.

подошла́	ушла́	пришёл	вошла́
подошёл	ушли́	пришли́	приходи́ла

В тёмной, холо́дной ко́мнате жил поэ́т. Он писа́л стихи́, но никто́ не хоте́л их чита́ть. Чего́-то в них не́ было.

Но вот ______________ день, когда́ у поэ́та не́ было де́нег да́же на хлеб. Он взял лист бума́ги и хоте́л писа́ть стихи́. Но стихи́ не получа́лись.

Вдруг кто́-то постуча́л в дверь. Поэ́т откры́л дверь. И в ко́мнату ______________ Му́за. Она́ ______________ к поэ́ту и поцелова́ла его́. И у поэ́та на́чали рожда́ться стихи́. Он на́чал писа́ть легко́ и мно́го. К нему́ ______________ Сла́ва и Успе́х. Поэ́т был сча́стлив. Он стал приглаша́ть друзе́й, в его́ до́ме всегда́ бы́ло ве́село и шу́мно. Он никогда́ не istaváлся оди́н.

Одна́жды но́чью, когда́ в ко́мнате пи́ли вино́, пе́ли и танцева́ли, кто́-то постуча́л в дверь. Поэ́т ме́дленно ______________ к две́ри и откры́л её. На поро́ге стоя́ла Му́за. Но у Поэ́та не́ было вре́мени с ней разгова́ривать, его́ жда́ли за столо́м друзья́. И он не пусти́л Му́зу в ко́мнату. Му́за не была́ же́нщиной, она́ не уме́ла проща́ть. Она́ ______________ навсегда́ от Поэ́та.

Прошло́ вре́мя. ______________ от поэ́та Сла́ва и Успе́х. Ча́сто по ноча́м он звал Му́зу, но она́ не ______________.

а. Ergänzen Sie die fehlenden Wörter:

1. пришёл	день	3. подошла́ к	______________
2. вошла́	______________	5. ушла́ от	______________
3. подошла́ к	______________	6. ушли́ от	______________

б. Finden Sie im Text diese Sätze und füllen Sie die Lücken aus.

1. Он писа́л стихи́, но ______________ не хоте́л их чита́ть.
2. Вдруг______________постуча́л в дверь.
3. Он______________не остава́лся оди́н.
4. Она́ ушла́ и ушла́______________от Поэ́та.

в. Setzen Sie die in Klammern angegebenen Wörter in der richtigen Form ein.

1. У поэ́та не́ было ______________ (де́ньги, вре́мя)
2. Она́ подошла́ к ______________ (он, Поэ́т)
3. Он стал приглаша́ть ______________ (они́, друзья́)
4. Ушли́ от ______________ (он, Поэ́т)

г. Erzählen Sie den Text mit eigenen Worten nach und schreiben Sie ihn auf.

д. Bilden Sie eigene Sätze mit den Bewegungsverben aus dem Text „Поэ́т и его́ Му́за».

9. Wiederholung. Lesen Sie den Text. Vervollständigen Sie die Sätze.

Полкило́ сча́стья.

– Да́йте мне, пожа́луйста, хлеб и две па́чки маргари́на, – разда́лся зво́нкий го́лос.
–Тебе́ како́й маргари́н, де́вочка? – ______________________ (спра́шивать / спроси́ть) продавщи́ца с улы́бкой.
– «Дома́шний»!

«Кто разреши́л тако́й ма́ленькой де́вочке прийти́ одно́й в магази́н!» – с возмуще́нием поду́мала же́нщина. – «Она́ да́же до прила́вка с трудо́м достаёт. Где её роди́тели?»

– Ты одна́ пришла́?
– Нет! Меня́ там брат ждёт, – малы́шка ______________________ (пока́зывать / показа́ть) на дверь магази́на.
– А-а... поня́тно. Вот, возьми́! Хлеб и две па́чки маргари́на.

Де́вочка ______________ (дава́ть / дать) продавщи́це де́ньги.

– Сда́чу отда́шь ма́ме. И́ли бра́ту, хорошо́?
– Хорошо́! – де́вочка моргну́ла больши́ми глаза́ми. – Ой! Чуть не ________________ (забыва́ть / забы́ть)!
– Ещё что́-то?
– Да! А мо́жно полкило́ сча́стья?
– Что?! – же́нщина подняла́ бро́ви.
– Полкило́ сча́стья! – ________________ (повторя́ть / повтори́ть) де́вочка. – Э́то меня́ брат попроси́л купи́ть!

Продавщи́ца улыбну́лась.

– Ну, е́сли брат... Вот, возьми́, – она́ ______________ (дава́ть / дать) малы́шке сла́дкую ва́ту.
– Э́то сча́стье? – малы́шка восхищённо посмотре́ла на ва́ту и ________________ (спра́шивать / спроси́ть): – Тут то́чно полкило́?
– Нет, полкило́ мно́го! А э́того как раз хва́тит! – засмея́лась же́нщина.

Де́вочка положи́ла сда́чу на прила́вок.

– Нет, нет, забери́! Сча́стье не продаётся! Во вся́ком слу́чае, за де́ньги.

Малы́шка ______________ (брать / взять) сла́дкую ва́ту в ле́вую ру́ку (в пра́вой был паке́т с хле́бом и маргари́ном) и, ра́достная, вы́бежала на у́лицу. Продавщи́ца заду́мчиво посмотре́ла ей вслед, доста́ла из карма́на де́ньги и положи́ла их в ка́ссу.

а. Finden Sie im Text folgende Sätze und setzen Sie diese fort.

1. Да́йте мне, пожа́луйста, хлеб ______

2. Кто разреши́л тако́й ма́ленькой де́вочке ______

3. Ты одна́ ______

4. Э́то меня́ брат ______

5. Малы́шка взяла́ сла́дкую ва́ту и, ра́достная, ______

б. Setzen Sie die fehlenden Präpositionen ein.

1. Она́ да́же ______ прила́вка ______ трудо́м достаёт.

2. Малы́шка показа́ла ______ дверь магази́на.

3. Де́вочка положи́ла сда́чу ______ прила́вок.

4. Малы́шка взяла́ сла́дкую ва́ту и, ра́достная, вы́бежала ______ у́лицу.

5. Продавщи́ца доста́ла ______ карма́на де́ньги и положи́ла их ______ ка́ссу.

в. Beantworten Sie die Fragen.

С кем де́вочка пришла́ в магази́н?
Что она́ хо́чет купи́ть?
Что ещё она́ попроси́ла у продавщи́цы?
Что сде́лала продавщи́ца?

г. Erzählen Sie den Text mit eigenen Worten nach und schreiben Sie ihn auf.

Schlüssel zu den Übungen

Erster Schritt / Lektion 1

Teil 1

10. он: телефо́н, компью́тер, жира́ф, стол, стул, шкаф, Михаи́л; оно́: ра́дио, кафе́, окно; она́: ро́за, ли́лия, ёлка, ла́мпа, А́нна.

13. на углу́. спра́ва. недалеко́. сле́ва.

14. 1. Где здесь метро́? – Метро́ ря́дом, на углу́. 2. Где здесь побли́зости рестора́н? – Рестора́н вон там, спра́ва. 3. Где здесь суперма́ркет? – Суперма́ркет сле́ва. Вон там вход.

Teil 2.

2. а. зна́ешь. де́лает. рабо́тает. б. рабо́таешь. рабо́таю. де́лаешь.

4. живёшь. живу́. живёт. живёт.

5. в рестора́не, в апте́ке, на о́зере, в музе́е, в больни́це, в кафе́, в Герма́нии, в А́нглии, в А́встрии, в Швейца́рии.

6. 2. Ты живёшь во Фра́нции, в Пари́же? 3. Он живёт в Герма́нии, в Берли́не. 4. Мы живём в А́встрии, в Ве́не. 5. Вы живёте в А́нглии, в Ло́ндоне? 6. Они́ живу́т в Швейца́рии, в Цю́рихе.

Zweiter Schritt / Lektion 2

Teil 1

2. у́чит. говори́т. зна́ет.

3. говори́ть по-ру́сски. учи́ть ру́сский язы́к. знать ру́сский язы́к.

4. говори́шь. понима́ю. учу́. изуча́ю.

6. 1. Вы говори́те по-ру́сски? 2. Вы у́чите ру́сский язы́к? 3. Вы ещё не о́чень хорошо́ понима́ете ру́сский язы́к?

Teil 2

3. 1. хо́чешь. 2. хо́чет, хо́чет. 3. хоти́м, хотя́т. 4. хоти́те, хоти́м.

6. 2. мо́жешь. 3. мо́жет. 4. мо́жете. 5. мо́гут.

Teil 3

1. теáтре. спектáкль. теáтре. теáтр. Вéру. теáтр.

3. Я люблю́ теáтр, óперу и кинó. Он знáет Вéру, Кáтю, Антóна, И́горя и Андрéя.
Они́ смóтрят спектáкль / фильм. Они́ смóтрят в окнó.

4. 1. мя́со, ры́бу, сок. 2. хлеб, сыр, мáсло, варéнье. 3. журнáл, газéту, письмó. 4. стол, стул, лáмпу, окнó, шкаф. 5. А́нну, Мáртина, ...

Teil 4

3. 1. идёшь, иду. 2. идёте, идём, идёт. 3. éдете, éдем, éдешь, éду.

4. 2. Кудá ты идёшь? 3. Онá идёт на рабóту. 4. Мы идём домóй. 5. Вы идёте в музéй?
6. Они́ иду́т на концéрт. 7. Я éду в Вену. 8. Кудá ты éдешь? 9. Он éдет в Берли́н.
10. Мы éдем домóй. 11. Вы éдете на óзеро? 12. Они́ éдут в Росси́ю.

5. 1. Где. 2. Кудá. 3. Где. 4. Кудá. 5. Где. 6. Кудá. 7. Где. 8. Кудá.

6. ищу́. Знáю. ви́жу. Пойдёмте.

7. 1. Пойдём в теáтр! 2. Давáй вмéсте игрáть в волейбóл. 3. Ты игрáешь / Вы игрáете в тéннис? 4. Я не люблю́ готóвить, я рéдко готóвлю.

Dritter Schritt / Lektion 3

1. а. цéнтра, пáрка, окнá, вокзáла, дóма. б. останóвки.

2. 1. Извини́те, где здесь аптéка? – Аптéка недалекó отсю́да. Там, на углу́, вóзле университéта.
2. Извини́те, где здесь побли́зости супермáркет? Я ищу́ супермáркет. – Здесь, побли́зости, нет супермáркета. Ближáйший супермáркет на вокзáле.

4. 1. Ты знáешь áдрес ...? 2. Я ещё не óчень хорошó знáю гóрод. 3. Пойдём вмéсте!

5. из дóма, от сестры́; из Зáльцбурга, от брáта; из Москвы́, от И́горя и Андрéя; из О́сло, от дру́га.

8. бáнке. рабóту. поря́док. рáдио. зáвтрака, рабóту, банк. рабóте. обéда, пáрке. газéту. у́жина, телеви́зор. футбóл, волейбóл. гитáре, гóсти.

Vierter Schritt / Lektion 4

1. а. А́нне, Мáрку. б. телеви́зору. телефóну.

2. Ви́ктору. дирéктору. Андрéю. Вéре. сестре. Михаи́лу. брáту. И́горю. Кáте, Зи́не.

3. в Берли́н к сестрé; в Вéну к И́горю и Андрéю; в О́сло к дру́гу.

4. 1. экза́мену. 2. музе́ю. 3. дру́гу. 4. А́нне и Ма́рку. 5. ма́ме. 6. терпе́нию.
2. Куда́. 3. Кому́. 4. К кому́. 5. Кому́. 6. Чему́.

5. С. С. ме́жду. Пе́ред.

6. 1. Соба́ка лежи́т под столо́м. 2. Ла́мпа виси́т над столо́м. 3. Стол стои́т пе́ред телеви́зором. 4. Телеви́зор стои́т ме́жду две́рью и окно́м. 5. Ва́за и ча́шка стоя́т на столе́. 6. Па́льма стои́т на полу́.

8. С кем. А́нной. А́нну. А́нны.

9. 1. встреча́ю. 2. встреча́етесь, встреча́емся. 3. встреча́етесь. 4. встреча́ю.

10. 2. Кому́ 3. Куда. 4. Кого́. 5. Чем. 6. С кем. 7. Где. 8. Где. 9. О чём. 10. О ком.

11. 1. из Росси́и. 2. бра́ту и сестре́. 3. дру́га и подру́гу. 4. ру́чкой. 5. С А́нной и Ма́ртином. 6. О преподава́теле. 7. Об о́тпуске. 8. В Герма́нии. / В Швейца́рии.

12. 1. из ... 2. по ... 3. по ... 4. под ... 5. с ... 6. че́рез, в ... 7. над ... 8. за ... 9. ме́жду ...

13. 1. Дава́йте пить ко́фе. 2. Кто пьёт ко́фе с молоко́м? 3. Чай с са́харом, пожа́луйста. 4. Всё о́чень вку́сно.

Fünfter Schritt / Lektion 5

3. слова́. газе́ты, журна́лы. газе́ту, журна́л.

4. 1. столо́в и сту́льев. 2. де́тям. 3. детекти́вы. 4. роди́телей. 5. С друзья́ми. 6. О кни́гах и фи́льмах. 7. О сосе́дях.

5. живу́, учу́сь. изуча́ю. понима́ю, говорю́. у́чатся. у́чатся. расска́зывают. говори́м. зна́ем, разгова́ривают, скрыва́ют, говоря́т, ду́мают. изуча́ем, у́чим, чита́ем, смо́трим, обсужда́ем. сижу́. Смотрю́, мечта́ю. хочу́.

6. 1. Ско́лько сейча́с вре́мени? / Кото́рый час? 2. Когда́ начина́ется фильм? 3. Когда́ зака́нчивается конце́рт? 4. Когда́ ты прихо́дишь домо́й? / Когда́ вы прихо́дите домо́й?

8. в. б. а. г.

Sechster Schritt / Lektion 6

1. его́. вас. 2. меня́. её. его́. вас. их. 3. Его́. Её. 4. её. неё. от меня́. от них. у него́. 5. Ей. Ему́. 6. мне. тебе́. ей. ему́. им. мне / нам. 7. (со) мной. (с) на́ми. 8. со мной. с ней. с ним. с ни́ми. с на́ми. 9. мне́, тебе́, мне́. 10. о тебе́. о нём. о ней. о вас. о них.

11. 1. Как тебя́ / вас зову́т? 2. Её (его́, их) нет до́ма. 3. Ско́лько тебе́ / вам лет? 4. Что с тобо́й? 5. Что они́ расска́зывают обо мне́?

12. мне. ей. неё. Я. мы. Они́. оно́.

Siebter Schritt / Lektion 7

2. ваш. мой. ва́ша. моя́.

3. 1. Э́то мой па́спорт. 2. Э́то моя́ фи́рма. 3. Ваш а́дрес, пожа́луйста. 4. Извини́те, э́то ваш бага́ж. 5. Где ва́ше бюро́? 6. Э́то ваш оте́ль, а там наш.

4. ва́шей. моя́. моя́.

5. 1. мой друг / наш друг. 2. моего́ / на́шего дру́га. 3. моему́ / на́шему дру́гу. 4. моего́ / на́шего дру́га. 5. С мои́м / на́шим дру́гом. 6. О моём / на́шем дру́ге.

1. моя́ подру́га / на́ша подру́га 2. мое́й / на́шей подру́ги. 3. мое́й / на́шей подру́ге.
4. мою́ / на́шу подру́гу 5. С мое́й / на́шей подру́гой. 6. О мое́й / на́шей подру́ге.

1. мои́ / на́ши друзья́. 2. мои́х / на́ших друзе́й. 3. мои́м / на́шим друзья́м. 4. мои́х / на́ших друзе́й. 5. С мои́ми / на́шими друзья́ми. 6. О мои́х / на́ших друзья́х.

6. 1. ва́шего. 2. на́шей. 3. на́шим. 4. ва́шим. 5. ва́ших. 6. ва́шими. 7. ва́шем.

7. 1. Чей. 2. Чей. 3. Чья. 4. Чьё. 5. Чьи. 6. Чьи. 7. Чьи. 8. Чьи.

8. 1. Чья. 2. Чей. 3. Чьё. 4. Чьи.

10. 1. Вы не зна́ете его́ рабо́чий но́мер телефо́на? 2. Я всегда́ звоню́ ему́ на его́ моби́льный телефо́н. 3. Его́ моби́льный телефо́н не отвеча́ет уже́ неде́лю.

11. чья. чей. её. её. свой.

13. сижу́. сиди́шь. сиди́шь. сижу́. стою́. сиди́шь.

Achter Schritt / Lektion 8

1. тебя́. меня́. тебя́. меня́. меня́. Её.

6. 1. У меня́ есть его́ рабо́чий но́мер телефо́на. 2. У тебя́ есть мой но́мер телефо́на?
3. У него́ есть биле́ты в о́перу? 4. У вас есть биле́ты на конце́рт?

7. Как её зову́т? Отку́да она? Ско́лько ей лет? У неё есть де́ти? У неё есть брат? Как его́ зову́т? У них есть друзья́?

11. путеше́ствует. У вас есть. В ва́шей гости́нице.

Neunter Schritt / Lektion 9

6. хоро́ший. интере́сные. но́вый. хоро́шая. ма́ленькие, ую́тные. дорого́й.

8. 1. но́вые рестора́ны. 2. Ма́ленькие ма́льчики. 3. хоро́шие друзья́. 4. иностра́нные языки́.
5. лёгкие те́ксты и но́вые ру́сские фи́льмы. 6. интере́сные лю́ди.

9. 1. кра́сного каранда́ша. 2. но́вого учéбника. 3. ру́сско-немéцкого словаря́. 4. ли́шней ру́чки. 5. свобо́дного врéмени. 6. но́вых ру́сских журна́лов.

10. а. 1. ста́рому другу. 2. моéй люби́мой тёте. 3. но́вому сосéду. 4. знако́мой дéвушке. 5. но́вым ру́сским студéнтам.

б. 1. ста́рого друга. 2. но́вого преподава́теля. 3. но́вую сосéдку. 4. кра́сный и голубо́й цвет. 5. но́вую си́нюю ку́ртку. 6. италья́нские и францу́зские фи́льмы.

в. 1. С но́вым ру́сским дру́гом. 2. С люби́мой тётей. 3. С немéцкими коллéгами. 4. Со знако́мой дéвушкой. 5. С си́ним пла́тьем. 6. Со ста́рыми друзья́ми.

г. 1. В сосéднем кни́жном магази́не. 2. В большо́й но́вой кварти́ре. 3. В но́вых ру́сских журна́лах. 4. О люби́мом дру́ге. 5. О но́вом францу́зском фи́льме. 6. О зи́мних кани́кулах.

Zehnter Schritt / Lektion 10

Teil 1

3. 2. того́. 3. тому́. 4. то. 5. тем. 6. том.

4. 2. э́той. 3. э́ту. 4. э́той. 4. э́той.

5. э́ту. ту.

9. 1. В э́том райо́не мно́го рестора́нов и кафé. 2. На э́той у́лице есть италья́нский рестора́н, а на той – хоро́ший кита́йский. 3. В э́том рестора́не вегетариа́нская ку́хня, а в том – национа́льная.

10. э́той. шесто́м. э́том, второ́м. э́том. пя́том.

Teil 2

1. 1. Da ist der Mensch, der das tut. 2. Wer ist dieser Mensch, neben dem sie steht? 3. Der Freund, dem sie schreibt, wohnt in Berlin. 4. Das ist der Mensch, den du gut kennst. 5. Ich kenne den Menschen, mit dem sie spricht. 6. Der Mann, über den sie oft erzählt, ist ihr Vater. 7. Das Mädchen, das dort steht, heißt Sima. 8. Da ist das Mädchen, von dem ich Briefe bekomme. 9. Sima ist das Mädchen, dem ich immer helfe. 10. Das ist ein Mädchen, das du gut kennst. 11. Das Mädchen, mit dem er in Briefwechsel steht, heißt Sina. 12. Da ist das Mädchen, über das er oft erzählt.

2. 1. кото́рого. 2. кото́рому. 3. кото́рой. 4. кото́рая. 5. кото́рой. 6. кото́рой. 7. кото́рых.

4. 1. разгово́рчивая. разгово́рчива. 2. болтли́вые. болтли́вы. 3. забы́вчивый. забы́вчив. 4. терпели́вая. терпели́ва.

Elfter Schritt / Lektion 11

1. компа́нию. клие́нтов. проду́кции. Добро́ пожа́ловать. Ничего́ стра́шного. К сожале́нию. фи́рмы. о́фисе. про́ще, лу́чше. а́дрес электро́нной по́чты.

2. са́мые ста́рые. са́мое глубо́кое. са́мое большо́е. са́мый молодо́й. бо́льше всех. бо́льше всего́.

3. са́мое гла́вное. ча́ще всего́. Бо́льше всего́. Са́мые изве́стные. са́мых бога́тых и интере́сных.

5. двена́дцать. Две. седьмо́го января́. три́дцать пе́рвого декабря́. пе́рвого января́. Восьмо́го ма́рта.

6. 1. в ... 2. на ..., в / на ... 3. по ...

Zwölfter Schritt / Lektion 12

2. 1. люби́л/а. 2. учи́лся / учи́лась. 3. рабо́тал. 4. отдыха́ли. 5. гуля́ли. 6. чита́ли.

3. 1. Ра́ньше он жил в Ве́не. 2. Вы жи́ли в оте́ле? 3. Вы учи́лись в Москве́? 4. Я изуча́л ру́сский язы́к в университе́те. 5. Где вы ра́ньше рабо́тали?

4. 1. жила́. 2. учи́лась. 3. занима́лась. 4. не́ было. 5. была́.

8. 1. Где ты был / была́ вчера́? 2. Я был / была́ у А́нны. 3. Вчера́ она́ была́ в Берли́не. 4. Где вы бы́ли в о́тпуске? 5. Вы бы́ли в гора́х?

11. 1. юри́стом. 2. музыка́нтом. 3. бухга́лтером. 4. врачо́м. 5. балери́ной.

Dreizehnter Schritt / Lektion 13

7. 1. а. 2. а. 3. б. 4. а. 5. б. 6. б.

8. 1. прочита́л/а. 2. чита́л/а. 3. писа́л. 4. встал. 5. позвони́л/а. 6. на́чали.

9. 1. Извини́те, я вас не по́нял. 2. Я звони́л/а вам вчера́. 3. Когда́ ты верну́лся? Вчера́ и́ли сего́дня? 4. Когда́ вы встре́тились? В воскресе́нье? 5. Когда́ вы зако́нчили э́тот прое́кт?

12. 1. Весь день идёт дождь. 2. Я жела́ю вам всего́ хоро́шего. 3. Всему́ своё вре́мя. 4. Мы разгова́ривали весь ве́чер. 5. Они́ иду́т на конце́рт со всей семьёй. 6. Мне ещё тяжело́ обо всём написа́ть по-ру́сски.

Vierzehnter Schritt / Lektion 14

1. 1. Покажи́те, пожа́луйста, э́тот голубо́й пуло́вер. 2. Мне нра́вится э́тот пуло́вер. 3. Вам о́чень идёт э́тот цвет. 4. Како́й э́то разме́р? 5. Где мо́жно (э́то) приме́рить?

2. а. помоги́те. Посмотри́те. б. Покажи́те. Иди́те. в. заплати́те.

3. б. а. д. в. е. г.

4. 1. пригласи́. 2. ешь. 3. возьми́. 4. посмотри́. 5. спроси́.

5. 1. Говори́те. 2. Попро́буйте. 3. Положи́те. 4. Отве́тьте. 5. гото́вьтесь. 6. Занима́йтесь.

6. б. а. г. в.

7. 2. Подожди́те. 3. Покажи́те. 4. Посмотри́те. 5. Помоги́те. 6. Купи́те. 7. Позвони́те.

Fünfzehnter Schritt / Lektion 15

3. иду́. хо́дишь. хожу́. хожу́. е́ду. е́зжу.

4. Куда́? – Во Фра́нцию. Где? – Во Фра́нции. Куда́? – В дере́вню. Где? – В дере́вне. Куда́? – На мо́ре. Где? – На мо́ре. Куда́? – На о́зеро. Где? – На о́зере. Куда́? – В го́ры. Где? – В гора́х. Куда́? – В Ве́ну. Где? – В Ве́не. Куда́? – В музе́й. Где? – В музе́е. Куда́? – В кино́. Где? – В кино́. Куда́? – В магази́н. Где? – В магази́не. Куда́? – В Росси́ю. Где? – В Росси́и.

8. а. е́здил. е́здил. е́здил. е́здил. ходи́л. ходи́л. ходи́л / е́здил.

б. е́здил. е́здил. был. е́здили. бы́ли.

10. 1. шла. 2. шли. 3. е́хал. 4. е́хали.

Sechzehnter Schritt / Lektion 16

Teil 1

4. 1. В выходны́е я бу́ду мно́го спать. 2. Что ты бу́дешь де́лать ве́чером? 3. Мой брат бу́дет рабо́тать в Москве. 4. Мы бу́дем ча́сто звони́ть тебе́. 5. Где вы бу́дете жить? 6. Ты бу́дешь сего́дня им звони́ть? 7. Там мы ча́сто бу́дем ходи́ть в теа́тр.

Teil 2

3. 1. куплю́. 2. начну́т. 3. откро́ем. 4. пое́ду / пое́дем. 5. позвоню́. 6. пока́жет. 7. попрошу́. 8. посмотрю́ / посмо́трим. 9. прочита́ю. 10. пойду́ / пойдём. 11. спрошу́.

5. 1. напишу́. 2. бу́ду чита́ть. 3. бу́ду звони́ть. 4. позвоню́. 5. начнёшь.

6. 1. Вы уже́ зна́ете, что вы бу́дете де́лать ле́том? 2. Вы уже́ зна́ете, где ваш брат бу́дет жить в Москве́? 3. Вы уже́ зна́ете, что вы бу́дете де́лать в суббо́ту ве́чером? 4. Вы уже́ зна́ете, где вы бу́дете в о́тпуске / где вы проведёте о́тпуск? Во Фра́нции и́ли в А́встрии? 5. Вы уже́ зна́ете, когда́ вы начнёте рабо́ту? 6. Вы уже́ зна́ете, когда́ вы пое́дете на о́зеро? В суббо́ту и́ли в воскресе́нье?

Teil 3

6. спроси́л. отве́тили. сказа́л. верну́лся. вспо́мнил, спроси́л. Обману́ли. упа́л.

Siebzehnter Schritt / Lektion 17

1. 1. Ich brauche ein Visum. 2. Wir brauchen kein neues Auto. 3. Diese Firma braucht einen guten Juristen. 4. Was braucht ihr? 5. Sie brauchen diese Dokumente.

2. 1. ну́жен. 2. нужны́. 3. нужна́. 4. нужны́.

4. 1. Ich brauchte deinen Rat. 2. Ich brauchte das Auto nicht. 3. Ich brauchte diesen Brief. 4. Ich brauchte diese Dokumente.

6. 1. Ich werde deinen Rat brauchen. 2. Ich werde das Auto nicht brauchen. 3. Ich werde diesen Brief brauchen. 4. Ich werde diese Dokumente brauchen.

10. 1. Как ты себя́ чу́вствуешь? 2. Я чу́вствую себя́ хорошо́. 3. Он пло́хо чу́вствует себя́.

Achtzehnter Schritt / Lektion 18

Teil 1

2. 1. Его́ нет. 2. Его́ сейча́с нет до́ма. 3. Её нет. 4. Их нет сейча́с.

3. 1. До́брый день. Э́то ... 2. А́нна до́ма? 3. Её нет до́ма. 4. У вас есть её рабо́чий но́мер телефо́на? 5. Спаси́бо. Всего́ доброго́. / Всего́ хоро́шего.

Teil 2

1. боле́л. грипп. на́сморк. температу́ра. здоро́вьем.

2. 1. Я пло́хо чу́вствую себя́. / Я пло́хо чу́вствовал себя́. 2. Я просты́л. 3. У меня́ на́сморк и голова́ боли́т. 4. У меня́ боли́т го́рло. 5. У меня́ грипп. / У меня́ был грипп. 6. Я боле́л/а две неде́ли. 7. Ты был/а́ у врача́? 8. Я хочу́ пойти́ к врачу́ по́сле обе́да.

Teil 3

1. 1. Там есть хоро́ший рестора́н. 2. Здесь есть побли́зости апте́ка? 3. В на́шем го́роде есть два университе́та. 4. На столе́ нет журна́ла. 5. Здесь есть бассе́йн, но нет стадио́на.

2. нет: 1. большо́го суперма́ркета. 2. кафе́. 3. апте́ки. 4. метро́. 5. ли́фта. 6. ни о́зера, ни реки́.

3. ую́тных кафе́ и рестора́нов. больши́х суперма́ркетов. музе́ев и теа́тров. краси́вых у́лиц и па́рков.

4. па́рка. теа́тра. большо́го суперма́ркета. бассе́йна. о́зера. библиоте́ки. музе́ев и теа́тров. рестора́нов.

5. де́лаю. пишу́. написа́л. на́чал. встал. взял. написа́л.

Neunzehnter Schritt / Lektion 19

1. 1. Мне. 2. Тебе́. 3. Ей. 4. Ему́. 5. Нам. 6. Вам. 7. Им. 8. Анто́ну и На́де.

2. 1. бо́льше чита́ть. 2. идти́ туда. 3. позвони́ть врачу́. 4. купи́ть биле́т. 5. поговори́ть с роди́телями. 6. пить э́то лека́рство.

5. 1. Мне на́до бы́ло ра́ньше купи́ть биле́т. 2. Тебе́ на́до бы́ло поговори́ть с роди́телями. 3. Вам не на́до бы́ло идти́ туда́. 4. Им на́до бы́ло позвони́ть врачу́. 5. Ему́ нельзя́ бы́ло говори́ть об э́том. 6. Тебе́ нельзя́ бы́ло пить э́то лека́рство. 7. Наконе́ц нам мо́жно бы́ло э́то сказа́ть. 8. Ли́зе мо́жно бы́ло пить то́лько чай.

6. де́лаю. спроси́л. сказа́л. сказа́ть. продо́лжил. рассказа́ть. зако́нчил.

Zwanzigster Schritt / Lektion 20

Teil 1

4. <u>входи́ть</u>: 1. входи́ть. 2. вхо́дит. 3. вхо́дим. <u>выходи́ть</u>: 1. выхожу́. 2. выхо́дит. 3. выхо́дим. <u>приходи́ть</u>: 1. прихожу́. 2. прихо́дишь. 3. прихо́дите. <u>уходи́ть</u>: 1. ухожу́. 2. ухо́дит. 3. ухо́дим. <u>подходи́ть</u>: 1. подходи́ть. 2. подхо́дит. 3. подхожу́. <u>заходи́ть</u>: 1. захожу́. 2. захо́дит. 3. захо́дят.

5. б. а. г. в.

Teil 2

3. <u>приезжа́ть</u>: 1. приезжа́ю. 2. приезжа́ет. 3. приезжа́ете.
<u>уезжа́ть</u>: 1. уезжа́ет. 2. уезжа́ем. 3. уезжа́ют.

Teil 3

3. С. в, на. ме́жду. без. в, у. В, с. для. в. за. | в, к. без.

Teil 4

8. пришёл. вошла́. подошла́. пришли́. подошёл. ушла́. ушли́. приходи́ла.

9. спроси́ла. показа́ла. дала́. забы́ла. повтори́ла. дала́. спроси́ла. взяла́.